AF414026

DEFINIENDO RELIGION DESDE LA SOCIOLOGÍA
Scientology: Análisis y comparación de sus doctrinas y sistemas religiosos

DEFINIENDO **RELIGIÓN** DESDE LA SOCIOLOGÍA

SCIENTOLOGY: ANÁLISIS Y COMPARACIÓN DE SUS DOCTRINAS Y SISTEMAS RELIGIOSOS

DEFINIENDO RELIGIÓN DESDE LA SOCIOLOGÍA

SCIENTOLOGY: ANÁLISIS Y COMPARACIÓN DE SUS DOCTRINAS Y SISTEMAS RELIGIOSOS

Doctor Bryan R. Wilson,
Miembro Emérito
Universidad de Oxford
Inglaterra
Febrero de 1995

Publicado como informe originalmente en inglés en Febrero de
1995 por la Iglesia de Scientology Internacional
Editado y publicado por Forb.Press

INDICE

I. La Diversidad de las Religiones y los Problemas de Definición

I. I. Elementos de definición de la religión

No existe una definición definitiva de la religión que sea generalmente aceptada por los eruditos. Sin embargo, entre las muchas definiciones que han sido propuestas, se citan a menudo varios elementos que aparecen en diversas combinaciones. Éstos incluyen:

(a) Creencias, prácticas, relaciones e instituciones relacionadas con:

1) fuerzas, seres o metas sobrenaturales;
2) un poder o poderes invisibles más altos;
3) la preocupación final del hombre;
4) cosas sagradas (cosas reservadas y prohibidas);
5) un objeto de devoción espiritual;
6) una agencia que controla el destino del hombre;
7) el terreno del ser;
8) una fuente de conocimientos y sabiduría trascendente;

(b) Prácticas que constituyen obediencia, reverencia o culto;

(c) El carácter colectivo o de grupo de la vida religiosa.

Aunque pocas veces se incluyen las causas en las definiciones de la religión, a veces se indica "un encuentro empírico con lo espiritual". Las consecuencias y funciones de la religión se indican como:

(a) el mantenimiento de una comunidad moral;

(b) el otorgamiento de una identidad de grupo o individual;

(c) un marco de orientación;

(d) un universo de significado construido humanamente;

(e) confianza y alivio con respecto a las perspectivas de ayuda y salvación. La religión siempre es normativa, pero ya que cada religión es diferente a las otras, los especialistas modernos en la sociología de la religión y la rcligión comparada buscan tratar lo normativo sin llegar a comprometerse ellos mismos a éste. Sin embargo, existe tanta diversidad de patrones de creencias, ceremonias y organización que cualquier definición de la religión difícilmente puede abarcar todas las manifestaciones de la religión que se conocen.

I. II. El uso original del concepto

El concepto de "religión" a menudo se identificaba anteriormente con manifestaciones concretas y reales de creencias y prácticas en la sociedad occidental. Apartando a los cristianos, judíos y musulmanes, por lo general se consideraba que otros pueblos no tenían una religión en el verdadero sentido de la palabra. Eran considerados "paganos". Cuando los teólogos usaban el término "religión", tendían a referirse al cristianismo, y, en Inglaterra, cuando se hablaba del "cristianismo" a menudo se daba por sentado que se refería a la religión difundida específicamente por la Iglesia de Inglaterra.

El uso limitado ha decaído paulatinamente, a medida que se ha llegado a conocer más sobre los sistemas de creencias orientales, y a medida que el estudio de la religión ha trascendido las estrictas limitaciones prescriptivas y normativas de la teología cristiana tradicional. La religión se ha convertido en objeto de estudio para las disciplinas académicas –sobre todo las ciencias sociales– las cuales abordan el tema objetiva y neutralmente y sin ninguna implicación de adherencia a una religión en particular o una preferencia de una en vez de otra.

I. III. El prejuicio cultural y la definición de la religión

Empero, el desarrollo de una neutralidad total en el estudio de la religión se logró lentamente. Algunos estudios contemporáneos en la religión comparada todavía exhiben claramente el prejuicio. Incluso en las ciencias sociales, explícitamente comprometidas a la investigación libre de valores, algunos prejuicios son evidentes en los trabajos realizados en los años entre las guerras. En particular, a menudo se suponía injustificadamente que había ocurrido un proceso de evolución religiosa análogo al de la evolución biológica y que la religión de las naciones más avanzadas era necesariamente "más elevada" que la de otros pueblos. Algunos (muy notablemente Sir James Frazer) consideraban que la religión era un paso evolutivo en el camino de la magia hacia la ciencia.

I. IV. Uso contemporáneo

Hoy en día los científicos sociales y, cada vez más, los teólogos, utilizan el concepto como una expresión neutral, y ya no se implican suposiciones a priori de que una religión dispone de mayor verdad que otra. Hoy en día no se supone que la creencia en una deidad es necesariamente una forma más elevada de religión que la creencia en varias deidades o en ninguna deidad. Se reconoce que una religión puede presuponer un dios antropomórfico, alguna otra forma de deidad, un ser supremo, una pluralidad de espíritus o antepasados, un principio o ley universal, o alguna otra expresión de creencia final. Algunos teólogos cristianos, tales como Bultmann, Tillich, van Buren y Robinson, han abandonado las representaciones tradicionales de deidad y prefieren hablar del "terreno del ser" o "preocupación final".

I. V. Extensión del concepto

A medida que los antropólogos llegaron a afirmar que no existía un caso evidente de una sociedad que careciera de todo tipo de creencia sobrenatural y de instituciones que apoyaban tales creencias, llegaron a la conclusión de que, en el sentido más amplio de la palabra, no existía ninguna sociedad sin religión. El concepto de "religión" llegó a connotar fenómenos que tenían un parecido familiar en vez de una identidad compartida, y la religión dejó de ser definida en términos específicos a una tradición en particular. Los objetos concretos que tenían que ver con el cristianismo y que habían sido considerados como esenciales para la definición de la religión, ahora eran vistos meramente como ejemplos de lo que se podría incluir dentro de una definición. La especificación de tales elementos concretos fue suplantada por formulaciones más abstractas que abarcaban una variedad de tipos de creencias, prácticas e instituciones, las cuales, aunque distaban mucho de ser intrínsecamente idénticas, podrían ser consideradas como equivalentes funcionales. Se consideraba que toda sociedad tenía creencias que, aunque diversas, trascendían la realidad empírica conocida y que disponían de prácticas diseñadas para lograr que los hombres entraran en contacto o relaciones con lo sobrenatural. En la mayoría de las sociedades, existían personas que llevaban a cabo las funciones especiales asociadas con esta meta. Juntos, estos elementos llegaron a ser reconocidos como constitutivos de la religión.

I. VI. *La diversidad religiosa en las sociedades sencillas*

En las sociedades tribales relativamente pequeñas, a menudo existen ritos y mitos de bastante complejidad que usualmente no constituyen un sistema consistente e integrado y coherente internamente. La religión experimenta cambios, y el acrecentamiento ocurre tanto en los mitos como en las ceremonias, a medida que una sociedad experimenta contacto con pueblos vecinos o invasores. Los diversos ritos y creencias pueden ser relacionados con diversas situaciones (por ej., para inducir la lluvia, para asegurar la fertilidad en los cultivos, animales o mujeres; para proveer protección; para solidificar alianzas; para iniciar a grupos o individuos que han llegado a cierta edad, etc.). Todas esas actividades están dirigidas hacia las agencias sobrenaturales (sin importar cómo son definidas), y son reconocidas por los eruditos como religiosas.

I. VII. La diversidad religiosa en las sociedades avanzadas

Los códigos de creencia y práctica religiosa en las sociedades técnicamente más avanzadas por lo general se expresan de manera más intrincada y exhiben mayor coherencia y estabilidad interna, pero hasta en los sistemas avanzados, persisten elementos de diversidad. Ningún sistema teológico o esquematización de creencias que tenga que ver con lo sobrenatural en cualquiera de las grandes religiones del mundo es totalmente coherente. Siempre existen residuos sin explicar. Existen vestigios de orientaciones religiosas anteriores, tales como elementos religiosos populares que persisten entre la población en general. Las escrituras sagradas de todas las religiones principales manifiestan contradicciones e inconsistencias internas. Éstas y otras fuentes dan lugar a diferencias entre especialistas religiosos, quienes dan acogida a diferentes esquemas y principios exegéticos, a veces irreconciliables, que alimentan diferentes tradiciones, incluso dentro de lo que se reconoce generalmente como ortodoxia.

I. VIII. Desarrollo del pluralismo religioso

En las sociedades avanzadas, la disidencia intencional y consciente de la ortodoxia debe ser considerada como un fenómeno natural. Los cristianos, judíos y musulmanes están divididos, no sólo dentro de la ortodoxia, sino por grupos disidentes que rechazan todo tipo de ortodoxia y siguen un patrón divergente de la práctica religiosa (o que rechazan a la religión del todo). La disidencia es más conspicua en contextos en los cuales prevalece la exclusividad religiosa; es decir, en los cuales al individuo se le exige, si es adherente de otra religión, renunciar a su lealtad hacia todas las otras, un patrón de compromiso rigurosamente exigido en las tradiciones judías-cristianas-islámicas. A medida que los gobiernos del estado han dejado de dictar formas específicas de religión, los organismos religiosos disidentes han sido tolerados, e incluso han sido otorgados ciertos privilegios religiosos generales en los países europeos, y en algunos casos, han llegado a disfrutar de la libertad de religión general protegida constitucionalmente en los Estados Unidos. A la situación que existe hoy en día de un gran número de diferentes sectas que operan una al lado de la otra se le conoce como "pluralismo religioso".

I. IX. Enfoques normativos y neutrales hacia la religión

Típicamente, una religión determinada presenta ciertos cuentos (mitos) y proposiciones con respecto a lo sobrenatural que espera serán creídos. Especifica la celebración de ciertas ceremonias. Mantiene instituciones (en el amplio sentido de relaciones reguladas, bien al nivel personal rudimentario o como un sistema complejo de comportamiento, procedimientos y el mantenimiento de propiedad).

A veces también estipula reglas de conducta moral, aunque el rigor de tal estipulación y las sanciones asociadas con la moralidad varían considerablemente. Pero, cuando menos, la religión define obligaciones y promete recompensar la conformidad con beneficios entregados sobrenaturalmente. La religión constituye un sistema normativo. Los maestros religiosos ("teólogos" en el cristianismo, aunque la palabra no es apropiada para otras religiones) necesariamente sancionan e imponen estas normas.

Por contraste, los científicos sociales ven a los valores que una religión propone sólo como hechos, y no sancionan ni niegan su validez o valor. Este enfoque es parecido al de aquellas formulaciones de la ley que declaran que la ley no discrimina entre las religiones.

Ya que la religión es normativa e intelectualmente ha sido más que nada parte del ámbito de los teólogos, existe en todas las sociedades avanzadas un legado de lenguaje aprendido sobre la religión que lleva el sello normativo del compromiso religioso. Se considera esencial al respecto evitar la preferencia de valores implícita en dicho lenguaje y emplear la terminología neutral de las ciencias sociales, buscando a la vez mantener la debida sensibilidad hacia los que participan en la actividad religiosa.

I. X. Nomenclatura "copiada"

Las primeras definiciones y descripciones de los puntos esenciales de la religión a menudo utilizaban términos copiados de las tradiciones religiosas de los que las formulaban. Se reconoce ahora que el uso de términos peculiares a una religión necesariamente distorsiona la representación de otras religiones, y a menudo pueden implicar suposiciones falsas. Los conceptos evolucionados dentro de una tradición cultural y religiosa distorsionarán los elementos funcionalmente equivalentes, pero formalmente distintivos de la religión en otra tradición. Casos de tal uso inapropiado incluyen referencias a "la iglesia budista", "el sacerdocio musulmán", o, con respecto a la Trinidad, "los dioses cristianos". De igual forma, aunque los actos de reverencia, homenaje, contemplación o dedicación ocurren en todas las religiones avanzadas, los comentaristas no siempre los han reconocido como culto, puesto que, según se usa en el occidente, ese término se ha cargado mucho con preconceptos y disposiciones cristianas con respecto a actitudes y acciones apropiadas. Por ejemplo, el equivalente funcional del culto cristiano al cultivarse las disposiciones de los feligreses ocurre en el budismo, pero su forma es diferente y normalmente se describe, en otros términos. De ahí que, si a las religiones ha de otorgárseles paridad, se hace necesario adoptar términos definitivos abstractos para abarcar la diversidad de los fenómenos religiosos.

I. XI. La deficiencia inherente del análisis abstracto u objetivo

El uso del lenguaje abstracto, al cual se le puede considerar "clínico" en el sentido de no estar contaminado por las tradiciones particulares de una determinada religión, necesariamente dejará de capturar todas las cualidades intrínsecas de cualquier religión específica, pero es una necesidad si ha de lograrse una evaluación. No agotará ni los aspectos cognoscitivos ni los emocionales de las creencias, ceremonias, simbolismo e instituciones. Este enfoque científico social hace posible una comparación y explicación objetiva, pero no imparte, ni se propone hacerlo, la substancia total del significado interno o atractivo emocional que una religión tiene para sus propios adherentes.

DEFINIENDO RELIGION DESDE LA SOCIOLOGÍA
Scientology: Análisis y comparación de sus doctrinas y sistemas religiosos

25

II. Los Indicios de la Religión

II. I. *Características principales de la religión*

De acuerdo con las antedichas consideraciones, podemos indicar ahora, en términos abstractos y generales, las principales características de la religión. Lo que sigue pretende ser, no tanto una definición aplicable universalmente, sino más bien una enumeración de las características y funciones que se encuentran a menudo en la religión, y que son identificadas como tal. Éstas son:

(a) creencia en una agencia (o agencias) que transciende(n) la percepción normal de los sentidos y que posiblemente incluya todo un orden de ser considerado como postulado;

(b) la creencia de que tal agencia no sólo afecta al mundo natural y al orden social, sino que opera directamente bajo el mismo y posiblemente lo haya creado;

(c) la creencia de que, en algún momento en el pasado, ha ocurrido una intervención sobrenatural explícita en los asuntos humanos;

(d) se considera que las agencias sobrenaturales han supervisado la historia y el destino humano; cuando a estas agencias se les representa antropomórficamente, casi siempre se les atribuye fines definitivos;

(e) se mantiene la creencia de que la suerte del hombre en esta vida y en una vida venidera (o vidas venideras) depende de las relaciones establecidas con, o de acuerdo con, estas agencias trascendentales;

(f) se considera a menudo (pero no siempre) que, si bien las agencias trascendentes pueden dictar el destino de un individuo arbitrariamente, el individuo puede, comportándose en maneras prescritas, influir su experiencia bien en esta vida o en una vida (o vidas) en el futuro, o ambas cosas;

(g) existen acciones prescritas para ritos individuales, colectivos o representativos, es decir, ceremonias;

(h) persisten elementos de acción aplacadora (incluso en religiones avanzadas) mediante los cuales individuos o grupos pueden suplicar asistencia especial de fuentes sobrenaturales;

(i) las expresiones de devoción, gratitud, reverencia u obediencia son ofrecidas, o, en algunos casos, son exigidas de los creyentes, casi siempre en la presencia de representaciones simbólicas de la(s) agencia(s) sobrenatural(es) de la religión;

(j) el lenguaje, los objetos, los lugares, los edificios o las temporadas que se identifican en particular con lo sobrenatural pueden llegar a ser santificados y podrán convertirse ellos mismos en objetos de reverencia;

(k) se llevan a cabo con regularidad ceremonias o exposiciones, expresiones de devoción, celebraciones, el ayuno, penitencia colectiva, peregrinaciones y representaciones o conmemoraciones de episodios en la vida terrenal de deidades, profetas o grandes maestros;

(l) las ocasiones de culto y exposición de enseñanzas producen la experiencia de un sentido de comunidad y relaciones de buena voluntad, fraternidad e identidad común;

(m) a menudo se les imponen reglas morales a los creyentes, aunque el área de su interés puede variar; pueden ser expresadas en términos legalistas o ritualistas, o pueden ser presentadas más como una conformidad con el espíritu de una ética menos específica y más elevada;

(n) la seriedad de propósito, compromiso firme y devoción de por vida son requisitos normativos;

(o) de acuerdo con su comportamiento, los creyentes acumulan mérito o demérito, y a éstos se les adscribe una economía moral de recompensa y castigo. El nexo preciso entre las acciones y las consecuencias varía desde los efectos automáticos de causas determinadas hasta la creencia de que el demérito personal puede ser cancelado por actos de devoción y rituales, por medio de la confesión o arrepentimiento o por intercesión especial de agentes sobrenaturales;

(p) casi siempre existe una clase especial de funcionarios religiosos quienes actúan como custodios de los objetos sagrados, las escrituras, y los lugares; especialistas en la doctrina, las ceremonias y la guía pastoral;

(q) a tales especialistas casi siempre se les paga por sus servicios, ya sea por tributo, compensación por servicios específicos o por medio de estipendio instituido;

(r) cuando los especialistas se dedican a la sistematización de la doctrina, se afirma con regularidad que los conocimientos religiosos proveen soluciones para todos los problemas y explican el significado y fin de la vida, incluyendo a menudo explicaciones del supuesto origen y la operación del universo físico y de la psicología humana;

(s) se afirma la legitimidad para los conocimientos y las instituciones religiosas por medio de referencia a la revelación y tradición: a la innovación se le justifica por lo regular como restauración; y

(t) las afirmaciones de la verdad en la enseñanza y la eficacia de las ceremonias no se someten a pruebas empíricas, ya que las metas finalmente son trascendentes, y se exige la fe tanto para las metas como para los medios arbitrarios recomendados para lograrlas.

Los anteriores renglones no deben ser considerados como sine qua non, sino como probabilidades; los mismos constituyen fenómenos a menudo encontrados empíricamente. Pueden ser considerados como un inventario probabilista.

II. II. Las características no esenciales de la religión

El anterior inventario se presenta en forma de una generalización muy abstracta, pero las verdaderas religiones son entidades históricas, no construcciones lógicas. Abarcan principios de organización, códigos de conducta y patrones de creencia que varían significativamente. Para muchos renglones la generalización no es fácil, y una vez que los prejuicios (a menudo inconscientes) de la tradición cristiana son puestos a un lado, es evidente que muchos de los renglones concretos que, en base al modelo cristiano, se podría suponer constituyeran el sine qua non de la religión, de hecho, no se encuentran en otros sistemas.

En el anterior inventario, se evita la alusión a un ser supremo, ya que para los budistas theravada (y para muchos budistas mahayana), los jainistas y los taoístas, ese concepto no tiene validez. El culto al cual se refiere anteriormente tiene implicaciones muy diferentes en el budismo a las de los feligreses en el cristianismo. Este inventario no hace referencia a credos, los cuales son de importancia particular en la tradición cristiana, pero que no son tan importantes en otras religiones. No menciona el alma, pese a lo vital que es ese concepto en el cristianismo ortodoxo, pues la doctrina del alma es algo dudosa en el judaísmo, y es negada explícitamente por algunos movimientos cristianos (por ej., los adventistas del Séptimo Día y los testigos de Jehová, organismos con millones de adherentes en todo el mundo, y por los cristadelfianos y aquellos puritanos, incluyendo a Milton, a quienes se les denominaba mortalistas). No se hace referencia directa al infierno en ningún sentido de la idea desarrollada en el cristianismo, ya que este concepto no se encuentra en el judaísmo. A la vida venidera se le alude en el singular o plural para tomar en cuenta las dos ideas cristianas variantes de la transmigración del alma y de la resurrección, y los relatos algo diferentes de la reencarnación del budismo y el hinduismo.

Ninguno de estos renglones específicos puede ser considerados esenciales para la definición de la religión tout court.

33

III. Sistemas de Creencia No Teístas

III. I. El Teísmo no es una característica esencial de la religión

Es incuestionable que el teísmo (o sea, el monoteísmo, el politeísmo y el panteísmo) no es una característica esencial de la religión. De hecho, en general, tanto los eruditos como el público seglar consideran como religiones los sistemas de creencias que son manifiestamente no teístas. A continuación, se dan ejemplos de tales religiones.

III. II. El Budismo: una religión no teísta

El budismo no es un sistema de creencias teístas, pero es reconocido generalmente como una religión, a pesar de que ofrece un contraste muy marcado con el cristianismo. Si bien el budismo no niega la existencia de dioses, a aquellos seres no se les adscribe ningún papel que se asemeje al de un ser o creador supremo. Incluso en las sectas de Tierra Pura del Japón (jodoshu y jodoshinshu), en las cuales hay un compromiso enfático hacia la idea del propio Buda como salvador, este concepto no llega a considerar al Buda como un dios-creador.

III. III. Las Doctrinas del Budismo Theravada

El budismo theravada es a menudo considerado como la tradición del budismo que más se asemeja a las enseñanzas originales de Gautama Buddha. Sus doctrinas tienen poco parecido a las tesis presentadas en el cristianismo u otras religiones monoteístas. Ninguna de las enseñanzas del budismo theravada indica la existencia de un ser supremo o un dios-creador. En vez de ser el producto de un dios-creador, se considera que el mundo fenomenal no tiene substancia, y el hombre es visto similarmente como no permanente, y no se considera que disponga de un alma inmortal. Toda la existencia se caracteriza por el sufrimiento, y el impulso de la enseñanza budista es de liberar al hombre de esta condición. La actual circunstancia del hombre es una consecuencia de su karma, la ley de causa y efecto según la cual algunas acciones en vidas anteriores determinan casi totalmente la experiencia de vidas subsecuentes. Ya que las vidas son como eslabones en una cadena causal, existe un "origen condicional" de cada renacimiento. De ahí que no es un dios-creador el que causa la existencia del hombre, ni tampoco existe ningún concepto de un dios-salvador, ya que sólo la ilustración le permitirá al hombre liberarse de un sufrimiento en la cadena de renacimientos. Todo hombre, bajo la guía de la instrucción religiosa, debe andar por el camino de la ilustración por sí solo. El budismo no niega la existencia de los dioses, propiamente dicho, pero estos seres no son objeto de culto, y no desempeñan ningún papel en especial. (Son residuos y añadiduras de otras tradiciones religiosas a las cuales el budismo le ha dado cabida). A pesar de que no existen en el budismo theravada ninguno de los conceptos de un dios-creador y de un dios-salvador, el alma inmortal y el castigo o gloria inmortal, al budismo se le concede fácil y universalmente la categoría de religión.

III. IV. El Jainismo es una religión ateísta

El jainismo es una religión reconocida en la India y en otros países en donde se practica, y se incluye normalmente en la lista de las grandes religiones (casi siempre once). Sobre el mismo, Sir Charles Eliot ha escrito que "el jainismo es ateísta, y a este ateísmo, por lo general, ni se intenta disculparlo ni es polémico, sino que es aceptado como una actitud religiosa natural". No obstante, los jainistas no niegan la existencia de devas[1], deidades, pero se considera que estos seres, como los seres humanos, están sujetos a las leyes de transmigración y decadencia, y no

---

[1] Los devas son deidades benévolas en el hinduismo y el budismo. Posteriormente fueron asimilados también a las creencias esotéricas occidentales. देव en escritura devanagari. deva en el sistema AITS (alfabeto internacional de transliteración sánscrita).

determinan el destino del hombre. Los jainistas consideran que las almas son individuales e infinitas. No son parte de un alma universal. Las almas y la materia no son ni creadas ni destruidas. La salvación se logrará liberando al alma de elementos extraños (karmas) que la oprimen, elementos que logran ingresar al alma por los actos de pasión del individuo. Tal acción causa el renacimiento entre los animales o substancias inánimes: los actos meritorios causan el renacimiento entre los devas. La ira, el orgullo, el engaño y la codicia son los obstáculos principales a la liberación del alma, pero el hombre es amo de su propio destino. Al dominarse a sí mismo y al no hacerle daño a nadie, y al llevar una vida ascética, él podrá lograr renacer como un deva. Las reglas morales para el creyente devoto requieren que muestre bondad sin la esperanza de que se le recompense por eso; de regocijarse frente al bienestar de otros; de buscar aliviar el sufrimiento de otros; y de exhibir comprensión hacia el criminal. La auto mortificación aniquila al karma acumulado.

III. V. La escuela sankhya del Hinduismo: una religión no teísta

La religión hindú reconoce como ortodoxas a seis antiguas y divergentes escuelas. Una de éstas, la escuela sankhya, no es ni teísta ni panteísta. Al igual que el jainismo, la escuela sankhya enseña que la materia primordial y el alma individual son no creadas e indestructibles. El alma puede ser liberada al saber la verdad sobre el universo y controlando las pasiones. En algunas escrituras, Sankhya niega la existencia de una deidad suprema personal, y, en todo caso, cualquier concepto de deidad es considerado como superfluo y potencialmente auto contradictorio, puesto que el funcionamiento del karma rige los asuntos del hombre hasta el punto en que él mismo pueda determinar que busca la liberación. Las cuatro metas de la escuela Sankhya son similares a las del budismo: conocer el sufrimiento, del cual el hombre debe liberarse; ocasionar la cesación del sufrimiento; percibir la causa del sufrimiento (el dejar de discriminar entre el alma y la materia); y aprender las formas de liberación, es decir, los conocimientos discriminatorios. Al igual que otras escuelas, la sankhya enseña el principio kármico: el renacimiento es una consecuencia de las acciones de uno, y la salvación es un escape del ciclo de renacimientos.

III. VI. El carácter no teísta de la escuela Sankhya

La escuela Sankhya abarca una forma de dualismo que gira alrededor de la existencia de un dios o dioses. No se trata del dualismo cristiano del bien y el mal, sino de una distinción radical entre el alma y la materia. Ambos son objetos no creados que existen infinitamente. El mundo resulta de la evolución de la materia. Sin embargo, el alma no cambia. El alma sufre porque es cautiva de la materia, pero este cautiverio es una ilusión. Una vez que el alma está consciente de que no es parte del mundo material, el mundo deja de existir para esa alma en particular, y es libre.

De acuerdo con la teoría sankhya, la materia pasa por la evolución, la disolución y la inactividad. Al evolucionar, la materia produce intelecto, individualidad, los sentidos, el carácter moral, la voluntad y un principio que sobrevive la muerte y que experimenta la transmigración. Al ser conectado al alma, el organismo físico se convierte en un ser viviente. Es sólo con relación a esto que la conciencia se realiza; ni la materia por su cuenta ni el alma por su cuenta es consciente. Aunque el alma es un elemento vitalizador, no es ella misma la vida que termina en la muerte, ni la vida que es transmitida de una existencia a otra. Aunque ella misma no actúa o sufre, el alma refleja el sufrimiento que ocurre, similar a la forma en la cual un espejo refleja. No es el intelecto, pero sí es una entidad infinita y sin pasión. Las almas son innumerables y distintas las unas a las otras. La meta es que el alma se libere de ilusión y, por ende, del cautiverio. Una vez liberada, la condición del alma es equivalente al Nirvana del budismo. Tal liberación podría ocurrir antes de la muerte, y la tarea del individuo liberado es enseñarles a otros. Después de la muerte, existe una posibilidad de liberación total sin la amenaza de renacimiento. La escuela sankhya no objeta a la creencia en divinidades populares, pero éstas no son parte de su orden operativo. Es el conocimiento del universo lo que produce salvación. En este sentido, el control de las pasiones, y no la conducta moral, es central. Las buenas obras pueden producir sólo un orden inferior de felicidad. Y tampoco es el sacrificio eficaz. Ni la ética ni las ceremonias son de gran importancia dentro del esquema sankhya de las cosas.

III. VII. *Lo inapropiado de un criterio teísta*

De los ejemplos anteriores de sistemas de creencia religiosa, es evidente que la creencia en un ser supremo o de cualquier forma de teísmo es un criterio inapropiado de la religión. A pesar de los prejuicios anticuados que persisten entre algunos comentaristas cristianos, este punto sería apoyado de inmediato por religionistas y sociólogos comparativos de la religión. No se le negaría la calidad de religión al budismo, al jainismo o la escuela sankhya del hinduismo, a pesar de la ausencia de un concepto de un ser supremo o dios creador.

III. VIII. El caso del taoísmo

El taoísmo también ha sido reconocido generalmente como una religión, y los libros de religión comparativa lo incluyen, a pesar de la dificultad en presentar sus creencias centrales en forma coherente. A diferencia de las religiones reveladas, el taoísmo se basó en el culto de la naturaleza, el misticismo, el fatalismo, el quietismo político, la magia y el culto de los antepasados. Fue reconocida oficialmente como una religión organizada en la China por siglos, con templos, culto y sacerdotes. Adquirió conceptos de seres sobrenaturales, incluyendo al Emperador de Jade, Lao-Tzu, Ling Po (el director de los seres sobrenaturales), junto con Ocho Inmortales del folklore chino, el Dios de la Ciudad, el Dios del Hogar, entre otros, junto con espíritus incontables. Sin embargo, el taoísmo carece de un creador supremo, un dios salvador del tipo cristiano y una teología y cosmología formulada.

IV. Lenguaje Religioso y Evolución de la Teología Cristiana

IV. I. La evolución de ideas religiosas

El caso del taoísmo ilustra el hecho de que las religiones no surgen totalmente desarrolladas como sistemas de creencia, práctica y organización. Pasan por procesos de evolución en todos los sentidos y a veces llegan a abarcar elementos que son totalmente contrarios a sus posiciones anteriores. Por ejemplo, durante décadas, algunos obispos de la Iglesia de Inglaterra han disentido abiertamente de la creencia en algunos principios de la religión, como el parto virginal, la resurrección de Jesús, y la segunda venida. Otro ejemplo de esto es el concepto cambiante de Dios según se manifiesta en las escrituras judeo-cristianas, desde la deidad tribal de los antiguos israelíes hasta un ser universal e interpretado de una forma mucho más espiritual en los escritos de los profetas posteriores y en el Nuevo Testamento. La conciliación de las representaciones divergentes de la deidad ha dado lugar a disputas dentro y entre iglesias y movimientos en el cristianismo, y las suposiciones fundamentales han cambiado constantemente a lo largo de la historia cristiana. Cambios fundamentales acerca del concepto del Dios cristiano siguen ocurriendo hoy en día.

IV. II. La evaluación teológica reciente de Dios

Una de estas corrientes importantes del pensamiento que tiene implicaciones profundas para la condición del cristianismo y que guarda cierta relación con los temas que se tratan aquí, es la refutación ampliamente promovida de la idea de que puede existir un ser supremo del tipo tradicionalmente aclamado por la iglesia cristiana. Esta corriente de opinión, promovida por algunos de los teólogos más distinguidos, proviene, en particular, de los escritos de Dietrich Bonhoeffer y Paul Tillich. Para efectos de esta discusión, puede ser ejemplificada de mejor forma con su expresión más popular e influyente. En 1963, el entonces Obispo (anglicano) de Woowich, J.A.T. Robinson, resumió esta corriente de pensamiento teológico en su popular libro *Por Dios*. El Obispo expuso los razonamientos para el abandono de la idea de Dios como un ser personal que existía "allá afuera" y cuestionó toda la idea de un "teísmo cristiano".

IV. III. Pruebas del ateísmo cristiano: Robinson

Los siguientes extractos ponen de manifiesto el punto hasta el cual el Obispo y sus asociados se desviaron de las suposiciones tradicionales con respecto al monoteísmo, según lo sostenido tanto por los laicos como por la ley.

El Obispo citó a Bonhoeffer para apoyar sus razonamientos de la siguiente manera:

> "El hombre aprendió a hacerle frente a todos los asuntos de importancia sin recurrir a Dios como una hipótesis funcional. En asuntos que tienen que ver con la ciencia, el arte, y hasta la ética, esto se ha dado por sentado por tanto tiempo que uno casi ni se atreve a tratar el tema más. Pero durante los últimos cien años, aproximadamente, se ha aplicado cada vez más a las cuestiones de la religión; es cada vez más evidente que todo sigue su marcha sin 'Dios' tal como antes". (pág. 36)

De Tillich, el Obispo cita lo siguiente:

> "...se debe olvidar todo lo tradicional que se ha aprendido de Dios, quizás hasta la propia palabra". (pág. 47)

A lo cual el Obispo añade:

> "Cuando Tillich habla de Dios 'en profundidad', él no habla de otro Ser ni mucho menos. Habla de "la profundidad y

terreno infinitos e inagotables de todo ser"
... (pág. 46)

Por su parte, el Obispo dice:

> "...como él (Tillich) dice, el teísmo, según
> es comprendido comúnmente 'ha hecho de
> Dios una persona celestial y
> completamente perfecta que preside el
> mundo y la humanidad" (pág. 39)
> "...Estoy convencido de que Tillich tiene
> razón al decir que la protesta de ateísmo
> contra una tal máxima persona es
> correcta". (pág. 41)

El Obispo cita al escritor teológico laico, John Wren-Lewis, con aprobación:

> "No se trata sólo de que el Viejo en el Cielo
> es sólo un símbolo mitológico para la
> Mente Infinita detrás del escenario, ni que
> este Ser es benévolo en vez de temeroso; la
> verdad es que toda esta forma de pensar es
> incorrecta, y si tal Ser existiera, sería el
> propio diablo". (págs. 42-3)

Reforzando este punto, el Obispo dice:

> "A la larga será tan difícil convencer a los
> hombres de la existencia de un Dios 'allá

afuera' a quien deben llamar para ordenar sus vidas como persuadirlos a que tomen a los dioses del Olimpo en serio". (pág. 43) …"Decir que 'Dios es personal' es decir que la personalidad es de significado fundamental en la constitución del universo, que en las relaciones personales tocamos el significado final de la existencia como en ningún otro lugar". (págs. 48-9)

Distinguiendo entre la realidad y la existencia, así como lo hacen los teólogos, el Obispo afirmaba que Dios era básicamente real, pero que no existía, ya que existir implicaba ser finito en cuanto al espacio y tiempo, ser parte del universo.

IV. IV. *Pruebas del ateísmo cristiano: van Buren*

En ese mismo año, 1963, Paul van Buren, un teólogo americano, escribió El significado secular del Evangelio, el cual propone el concepto de Bonhoeffer del "cristianismo sin religión", es decir, que el cristianismo no es una religión. Aún con más insistencia que Robinson, van Buren insistió en que no se debía considerar en ningún sentido que el cristianismo estuviera comprometido a una creencia en Dios. Él propuso que toda referencia teológica a Dios fuera eliminada. Sostuvo que "…el teísmo literal simple está equivocado, y el teísmo literal con reservas no tiene sentido" (pág. 100). Por otra parte, uno podría seguir insistiendo en la humanidad del hombre, Jesús…," dejando que el tema de su divinidad cayera donde fuera". El ateísmo cristiano fue el nombre que se le dio a la teología propuesta por van Buren. Los Evangelios no tenían que ver con Dios. Tenían que ver con Jesús, y a Jesús había que reconocerlo como un hombre. De esa forma, toda afirmación de que el cristianismo era una religión con un compromiso hacia un ser supremo fue abandonada por el profesor van Buren, al igual que tales afirmaciones también fueron abandonadas por los teólogos de la escuela contemporánea de "Muerte de Dios", las cuales representaban otra corriente de pensamiento teológico.

IV. V. La reevaluación de Jesús

La reinterpretación del Nuevo Testamento y de la persona de Jesús también se ha estado llevando a cabo en círculos teológicos, ciertamente desde la época de Albert Schweitzer, quien en 1906 publicó una obra bajo el título traducido al inglés de *La búsqueda del Jesús histórico*. Schweitzer reveló a Jesús como un profeta judío con ideas algo despistadas y como una criatura muy de su época. Un proceso más radical de "desmitologización" crítica fue llevado a cabo por Rudolf Bultmann, quien, a partir de la década de 1940, demostró hasta qué punto los Evangelios estaban sujetos a los mitos que existían en la época en que se escribieron. Prosiguió a demostrar cómo pocos de los conceptos empleados en los Evangelios podían ser aceptados por el hombre del siglo XX.

El propio Bultmann buscaba preservar un mensaje para la humanidad del Nuevo Testamento muy acorde con la filosofía existencialista alemana. El cristianismo se convirtió en la guía para la vida moral del individuo, pero ya no era creíble como un cuerpo de enseñanza sobre la creación de Dios y su gobernación del mundo. El efecto creciente de la obra de Bultmann fue el de ocasionar nuevas dudas sobre la afirmación tradicional de que Jesús era la encarnación de Dios. Se ponía en duda toda la enseñanza cristológica de la Iglesia. El relativismo histórico de este enfoque volvió a expresarse en una obra titulada *El mito del dios encarnado* (editada por el profesor John Hick), publicada en 1977, en la cual varios de los teólogos anglicanos más distinguidos disputaron el punto de visto calcedonio tradicional de la relación de Dios y el hombre, Jesús. A los teólogos modernos les costaba creer que Dios se había convertido en hombre en la forma en la cual lo había afirmado la enseñanza cristiana durante los quince siglos anteriores.

IV. VI. Se dice que el cristianismo no es una religión

Estas diversas corrientes del razonamiento teológico: el rechazo intencional del concepto de un Dios personal; el abandono del teísmo; el nuevo énfasis en el relativismo de la Biblia; y el reto a los conceptos aceptados de la naturaleza de Cristo y su relación con el dios; todas representan una desviación severa de la comprensión recibida de la religión cristiana. El propio cristianismo, por tanto tiempo el modelo implícito en Europa para el concepto de lo que se esperaba que debía ser una religión, ahora declaraba que no era una religión. De esta forma, los criterios por medio de los cuales la religión había sido definida previamente se ponían en duda.

52

53

V. Funciones Sociales y Morales de la Religión

V. I. La religión contemporánea y las funciones sociales cambiantes

Dejando a un lado los elementos concretos derivados del concepto tradicional pero aparentemente fuera de moda de lo que podría constituir una religión, podemos referirnos brevemente a las características de religión enfatizadas en los estudios sociológicos no normativos sobre el tema. Si bien no dejan de tomar en cuenta la importancia de la preocupación substantiva con lo sobrenatural (o lo sobre empírico), los científicos sociales enfatizan las funciones que las religiones cumplen. Una religión crea, refuerza, o promueve la solidaridad social en el grupo y le proporciona a ese grupo un sentido de identidad. En las palabras de Peter Berger, provee "un universo construido humanamente de significado", el cual se convierte en un marco intelectual y moral en vista de lo cual las ideas y acciones pueden ser juzgadas. Si –frente al desarrollo de la ciencia– la religión abandona por necesidad teorías específicas de la creación y cosmología, sigue ofreciendo una explicación de los fines inherentes en el universo y en la vida del hombre.

V. II. La religión contemporánea y la ética de responsabilidad

A medida que la población general del mundo occidental se ha vuelto más educada, las religiones modernas han tendido a enfatizar menos las doctrinas con respecto a Dios, la creación, el pecado, la encarnación, la resurrección, etc., y a hacer más hincapié en tales cosas como una ética de responsabilidad social y personal; el suministro de un sentido de significado y propósito final; la fuente de guía personal; y una forma de realización personal en este mundo.

V. III. La religión contemporánea y la preocupación por los problemas sociales

Una mayor preocupación sobre los cuidados pastorales comenzó a evidenciarse a mediados del siglo XIX en Gran Bretaña, pero ahora se manifiesta en muchas nuevas formas de sacerdocio pastoral especializado, tales como la capellanía industrial y trabajos en hospitales y prisiones y en asesoramiento especializado, como, por ejemplo, en asesoramiento matrimonial, la curación cristiana, y el trabajo con adictos y suicidas potenciales. Los consejos sobre la salud física y psíquica, los problemas sexuales y familiares, las relaciones laborales y la educación se han convertido casi en un asunto principal en mucha literatura religiosa en muchas sectas y religiones, y, sobre todo, de modo muy notable, en las relativamente recién establecidas.

V. IV. La religión contemporánea y el realce de la vida

En algunos nuevos movimientos religiosos, la pretensión de darles a las personas un sentido de significado y propósito en la vida se ha convertido en un enfoque explícito. Por lo general, tales movimientos proveen un sistema comprensivo, y a menudo complejo, de metafísica dentro del cual sus devotos encuentran respuestas intelectuales a cuestiones de preocupación final. Tales movimientos incluirían la teosofía, la antroposofía, el gurdjieffismo, la Religión Kosmon y los movimientos de Nuevo Pensamiento. A medida que el énfasis en la sociedad contemporánea ha cambiado de una preocupación con la vida venidera, los nuevos movimientos (y, hasta cierto punto, las iglesias reconocidas más antiguas) han llegado a enfatizar actividades y propósitos "en este mundo", y metas generales de "realce de la vida". El ascetismo de las religiones que se desarrollaron en un mundo de escasez y desastre natural es menos congruente en una sociedad en donde hay mayor riqueza y planificación social mucho más extensa para eliminar o mitigar las calamidades naturales y sociales. La boga contemporánea de valores hedonistas en la sociedad seglar es reflejada en la religión, y nuevas religiones buscan explícitamente proveer a las personas una mejor experiencia de la vida. El énfasis en el pensamiento positivo estuvo muy en boga en América en la década de 1940. Las técnicas psicológicas de mayor autocontrol, auto mejoramiento, motivación renovada, y mayor capacidad para el enriquecimiento espiritual se han convertido en parte del repertorio de muchos movimientos religiosos, al alejarse la sociedad del respaldo a las teologías agobiadas de pecados que en un entonces fueron promovidas por las iglesias cristianas tradicionales.

V. V. relación entre religión y moralidad

Muchas religiones establecen reglas de carácter específico en mayor o menor grado para ser cumplidas por los adherentes. Su naturaleza, el vigor con que se prescriben y la severidad de las sanciones adscritas a ellas varían considerablemente. En el judaísmo, las reglas rigen los más mínimos detalles de las ceremonias y muchas contingencias de la vida cotidiana. En el islam, las reglas religiosas afectan diversas situaciones en la vida y proveen un sistema de regulación legal para la sociedad. En otras religiones, la regulación moral no se deriva de raíces explícitamente religiosas, como en el caso de la sociedad japonesa. No existe una relación normal entre un sistema de doctrina religiosa y un código de normas morales. El conjunto de la religión y las normas morales en el cristianismo es un patrón de relaciones, pero este patrón no es típico para otros sistemas religiosos, y no puede suponerse como un modelo necesario para dicha relación.

V. VI. El budismo y la moralidad

Por ejemplo, en el budismo theravada existen prescripciones para monjes y unas cuantas reglas generales impuestas a los laicos. El budista tiene el deber de no matar, no robar, no mentir, no cometer actos sexuales inicuos o tomar bebidas alcohólicas. El Buda ofreció consejos morales con respecto a los deberes caseros, el comportamiento hacia los amigos y el cuidado del cónyuge de uno, pero estas son exhortaciones a lo que se podría llamar sentido común social. El individuo debe ser prudente, frugal, industrioso, justo con los sirvientes y debe escoger como amigos a los que lo alejen de lo malo y lo exhorten a la conducta correcta. Estas virtudes son impuestas como interés propio ilustrado; no son respaldadas con el concepto del pecado como es propuesto en el cristianismo. El dejar de acatar estas virtudes no implica castigos especiales, excepto en el sentido de producir un karma malo. Evitar los malos hechos en el budismo es cuestión de interés propio ilustrado (por lo menos a largo plazo). La religión en sí no prescribe ninguna sanción. No existe una deidad que castiga. Sin embargo, ya que se considera que las acciones determinan la condición en alguna futura reencarnación, se aconseja los buenos actos por estar de acuerdo con el camino de ocho etapas hacia la ilustración, ya que conducirán a renacimientos en mejores circunstancias y putativamente a la trascendencia final de todos los renacimientos y al logro del Nirvana. De ahí que, si bien el budismo ciertamente promueve valores éticos, al individuo se le permite bastante libertad en su comportamiento moral, y no está sujeto al tipo de censura moral que ha predominado en los contextos cristianos.

V. VII. El cristianismo y la moralidad

Ofreciendo un marcado contraste, el cristianismo tradicional, entre sus diversos niveles de enseñanza ética, incluye un código intrincado de prohibiciones, la transgresión de las cuales llegó a ser considerado como pecado. Los mandamientos de menor importancia del judaísmo en las primeras etapas de su existencia con respecto a ofensas mayores fueron ampliados por prescripciones de naturaleza mucho más exigentes, sobre todo con respecto a la sexualidad, tanto de Jesús como de Pablo. También existían consejos de perfección de una naturaleza quizás no realizable ("Sé pues perfecto"; y, más específicamente, ordenan que uno quiera a sus enemigos, que perdone "setenta y siete" veces; que ponga la otra mejilla, etc.). Pero fue en el concepto del pecado que el cristianismo llegó a confeccionar un código moral exigente. Al hombre se le consideraba inherentemente pecaminoso, una condición terrible de la cual sólo la virtud ejemplar y el sacrificio supe humano de Cristo lo podía redimir. Los defectos indicados en el Viejo Testamento (fallas en las ceremonias, falsa motivación, injusticia, idolatría, desobediencia de Dios) fueron extendidos a los defectos de responsabilidad y la deficiencia fundamental del carácter y conciencia humana. Aunque el universo creado no era visto como inherentemente pecaminoso por Agustín, el hombre era pecaminoso y la naturaleza del pecado era esencialmente privativa. Este punto de vista informaba al catolicismo medieval.

La institución de la confesión dicha al oído, el desarrollo de un procedimiento intrincado para penitencias, y posteriormente el desarrollo del concepto del purgatorio, indicaban la severidad con la cual se consideraba al pecado. Pero mientras que el catolicismo, si bien se pronunciaba vigorosamente en contra del pecado, de toda forma reconocía la debilidad de la humanidad y la tomaba en cuenta por medio de la institución del confesionario, el protestantismo rechazaba este artefacto para el alivio de la culpabilidad. El calvinismo intensificó la angustia personal de los pecadores y se le da crédito por haber desarrollado un sistema de teología que condujo al internamiento del control moral y la formación de conciencia.

V. VIII. Cambios en la actitud cristiana sobre el pecado

Fue sólo en el siglo XIX que la preocupación cristiana con el pecado comenzó a menguar. Paulatinamente en el curso de ese siglo, la preocupación cristiana con el infierno y la perdición disminuyó, pero ya para ese entonces la moralidad secular había adquirido una influencia autónoma sobre la vida pública. En el siglo XX, la severidad de la moralidad victoriana fue moderada poco a poco, hasta la década de 1960, cuando las demandas severas, sobre todo en el área del comportamiento sexual, dieron lugar a una permisividad moral. De ahí que es evidente que el modelo propuesto de la relación entre la religión y la moralidad es uno que ha distado mucho de ser constante, incluso en el caso del cristianismo. Ni existe tampoco esta medida de variedad en función sólo del tiempo. También puede ser ejemplificada dentro de las religiones contemporáneas. Las actitudes morales que se encuentran entre los evangélicos de hoy en día (quienes se encuentran en varias religiones, incluyendo la Iglesia de Inglaterra) siguen manifestando una fuerte preocupación con el pecado personal en muchas áreas de conducta. Por contraste, la idea del pecado ya se ha convertido en casi anticuada entre muchos clérigos liberales, algunos de los cuales rechazan totalmente las afirmaciones de un código moral absoluto, como el que ha sido adoptado tradicionalmente por las iglesias cristianas, y prefieren el compromiso hacia la ética de situaciones, las implicaciones de la cual a menudo chocan radicalmente con preceptos morales cristianos. Otra actitud muy diferente es la adoptada por la Ciencia Cristiana, en la cual el pecado es considerado como un error que proviene de una falsa comprensión de la realidad y el cual, junto con la enfermedad, se considera que es eliminado por un cambio de formas materiales a formas espirituales de pensamiento.

V. IX. Los aspectos sacramentales y sacerdotales del cristianismo

Las creencias y los valores religiosos casi siempre se expresan en símbolos, procedimientos fijos e instituciones, según se indica en el anterior párrafo II.I. Sin embargo, la forma de tales símbolos, procedimientos e instituciones varía considerablemente y, nuevamente, el modelo provisto por las iglesias cristianas –un modelo tan fácilmente adoptado en una sociedad cristiana– es una guía inadecuada para otras religiones. El cristianismo en sí presenta una amplia variedad de formas de expresión. Éstas son más que meras diferencias fortuitas incidentales exigidas por la estética o la simple conveniencia. Las propias diferencias a menudo son asuntos de profunda convicción que penetran dentro del verdadero corazón de la fe religiosa. Las principales tradiciones religiosas del mundo manifiestan orientaciones muy divergentes, desde las prácticas sacerdotales, el compromiso al sacrificio y el sacramentalismo, profusos artefactos auxiliares sensuales a la religión (tales como el incienso, la danza e imaginería) hasta el ascetismo y una dependencia singular en la expresión verbal y el rezo. Ambos extremos pueden encontrarse en el hinduismo, el budismo y el cristianismo, mientras que, en su expresión ortodoxa, el islam es más uniformemente ascético; sus manifestaciones extáticas ocurren en la periferia.

Puede que baste ilustrar la diversidad que predomina dentro de la tradición cristiana. La Iglesia Romana, en su desarrollo tradicional, representa el uso intrincado de las sensaciones auditiva, visual y olfatoria en el servicio de la religión. La liturgia católica –si bien abjura el uso de la danza y las drogas, las cuales han sido usadas en otras tradiciones–

dispone de ritos, vestiduras y sacramentos intrincados en una profusión de ceremonias que marcan el calendario y la jerarquía de la Iglesia y los ritos de transición de los individuos. Ofreciendo un notable contraste al catolicismo romano se encuentra el cuaquerismo, en el cual el concepto del sacerdocio, la realización de las ceremonias (incluso los patrones conmemorativos no sacramentales de las ceremonias comunes en las iglesias protestantes), y el uso de imaginería o vestiduras es rechazado. El énfasis en la suficiencia de las actuaciones de los laicos, el rechazo de la santificación, ya sea de edificios, lugares, temporadas o ceremonias, y de tales artefactos auxiliares a la fe como rosarios y talismanes, es una característica en mayor o menor medida de mucho de la religión protestante. Los evangélicos (de varias religiones) rechazan la idea de un sacerdocio, y los cuáqueros, los Hermanos, los cristadelfianos y Científicos Cristianos incluso rechazan un sacerdocio pagado. Los bautistas retienen el bautismo, y muchas otras sectas retienen una ceremonia de partir el pan, pero a menudo sólo como actos conmemorativos de obediencia a la escritura, no como actos de ningún mérito intrínseco.

La religión protestante ha puesto mucho más énfasis en la palabra escrita de las escrituras que la religión católica, a veces casi a costa de convertir a la propia Biblia en un fetiche. Las costumbres y prácticas persisten en todas las religiones, pero a veces son de poca importancia, como el énfasis cuáquero de fijar sólo una hora y lugar para reunirse y el intento cristadelfiano por evitar todos los cargos y posiciones sociales en una comunidad en la cual todos están supuestos a estar comprometidos de igual forma al servicio de Dios.

67

VI. Breve Delineación de Scientology

VI. I. La Iglesia de Scientology

Como una religión nueva. La Iglesia de Scientology es uno de varios movimientos religiosos nuevos que adoptan en ciertos sentidos algunas de las tendencias evidentes en la sociedad occidental contemporánea. Utiliza un lenguaje que es contemporáneo, coloquial y sin mística, y presenta sus dogmas como hechos objetivos. Su concepto de la salvación tiene una dimensión tanto inmediata como final. Su amplia popularidad entre el público de los países avanzados en el mundo occidental la ha convertido en objeto de atención para los sociólogos y otros estudiantes de la religión contemporánea.

VI. II. Mis conocimientos sobre Scientology

Empecé a leer la literatura de la Iglesia de Scientology en 1968, y en un momento incluso proyecté un estudio del movimiento. Aunque no llevé a cabo ese trabajo, mi interés en Scientology y su literatura continuó. He visitado la sede central de la Iglesia, Saint Hill Manor en East Grinstead, y llegué a conocer a cienciólogos. Desde ese entonces, me he mantenido en contacto con el movimiento en Gran Bretaña, y he hecho otras visitas a Saint Hill Manor y a una iglesia de Scientology en Londres. He seguido muy interesado en el desarrollo de la religión como una de varias religiones contemporáneas que son de interés para mí como sociólogo. Entre otros materiales de carácter más efímero, he leído las siguientes obras, todas publicaciones oficiales, y la mayoría escritas por L. Ronald Hubbard:

- El manual para Preclears de Scientology
- Scientology 8-80
- Scientology 8-8008
- Presentación del E-Metro
- Dianética: la tesis original
- Dianética: la ciencia moderna de la salud mental
- Un examen del recuerdo de la línea temporal completa
- Los problemas del trabajo
- Autoanálisis
- La creación de la habilidad humana
- Las conferencias de Phoenix
- Los axiomas de Scientology
- Advanced Procedures and Axioms
- Scientology: un nuevo punto de vista sobre la vida
- El carácter de Scientology
- Ceremonias de la Iglesia Fundadora de Scientology
- La religión de Scientology
- La ciencia de la supervivencia
- Introducción a la ética de Scientology
- El camino a la felicidad

- Descripción de la religión de Scientology
- ¿Qué es Scientology?
- El manual de Scientology

En obras que he escrito sobre nuevas religiones, me he referido a Scientology en diversas oportunidades y he incluido un corto relato de esta religión en mi libro Sectas religiosas (Londres: Weidenfeld, 1970) y una discusión más extensa sobre el carácter religioso de Scientology en mi libro posterior, Dimensiones sociales del sectarismo (Oxford: Clarendon Press, 1990). He mantenido mi interés académico en el movimiento durante los últimos veintiséis años.

VI. III. *Dianética: el génesis de Scientology*

En mayo de 1950, cuando el señor L. Ronald Hubbard presentó por primera vez el prospecto de Dianética, del cual se desarrolló Scientology posteriormente, no había indicación de que él estaba proponiendo un patrón de creencia y práctica religiosa, o de que sus adherentes llegarían a describirse y organizarse como una Iglesia.

VI. IV. La curación mental y la religión

La práctica terapéutica, sin embargo, a menudo ha manifestado un potencial para adquirir afiliaciones metafísicas y religiosas, así como se puede ver, en diversas formas, en la Ciencia Cristiana, el movimiento del Nuevo Pensamiento y las técnicas de yoga. Por otra parte, las religiones reconocidas a veces han desarrollado actividades especialistas que tienen que ver con la curación, sobre todo la curación mental, y las iglesias principales a veces tienen departamentos organizados para este fin. Dianética no invocó ningún principio religioso al principio, pero a medida que se elaboró la legitimación teórica para la práctica, se fue reconociendo cada vez más una dimensión metafísica, y algunas de las ideas planteadas llegaron a ser descritas en términos que eran distintivamente religiosos en su implicación.

VI. V. Cómo evolucionan las religiones

Todas las religiones son un producto de la evolución. Ninguna religión ha nacido como un sistema cabal de creencia y práctica en determinado momento del tiempo. En este sentido, Scientology no es ninguna excepción: una religión se desarrolló de un cuerpo de teoría terapéutica. Sería imposible decir cuándo el propio cristianismo se convirtió en una religión, habiendo empezado con una colección informal de exhortaciones éticas y alguno que otro milagro; llegando a convertirse en movimiento popular entre los galileos; convirtiéndose poco a poco en secta judía; y luego convirtiéndose en una religión con sus propias características.

Aún así, tomo siglos para que sus doctrinas fueran formuladas por completo, y su práctica ritual ha seguido experimentando cambios frecuentes. En los movimientos de las épocas más recientes, el proceso de evolución hacia una religión es aún más claramente evidente. Los orígenes de la Iglesia Adventista del Séptimo Día se remontan a la creencia muy difundida del muy temprano advenimiento de Jesucristo que ocurrió entre los bautistas, presbiterianos, metodistas y otros en la parte norte del estado de Nueva York en la década de 1830; la Iglesia llegó a formarse sólo en 1860. En forma similar, varias décadas pasaron luego de la primera experiencia (de las hermanas Fox) en los "golpecitos" en Hydesville (supuestamente mensajes del "mundo de los espíritus") antes de que se formara una iglesia espiritualista.

En forma similar, Mary Baker Eddy había experimentado por años con sistemas de curación mental antes del "descubrimiento" de su cura mental en 1866, y aún por muchos años después de esa fecha, ella pensó que su sistema sería incorporado en las principales iglesias en vez de convertirse en la base de la Iglesia de Cristo Científico, la cual ella fundó en 1875. Los pentecostalistas experimentaron los carismas del habla en lenguas desconocidas, la profetización, curaciones y otros "obsequios" desde el año de 1900, pero iglesias separadas del Pentecostés se formaron apenas lentamente en el curso de las dos décadas siguientes. Ninguno de estos movimientos, todos los cuales se convirtieron en distintas religiones, empezaron de esa forma; tampoco lo hizo Scientology.

VI. VI. *La doctrina de Scientology: el desarrollo de lo metafísico*

Aunque incurra en alguna repetición en lo que sigue, es necesario exponer en términos amplios una declaración comprensiva de las enseñanzas principales de Scientology e indicar la medida en la cual estos principios de creencia constituyen un sistema religioso coherente. Scientology evolucionó de Dianética, un sistema terapéutico con un enfoque más estrecho. Se ha sugerido que este término era una combinación de día y nous, mente o alma, y constituía de esa forma, si bien al principio no totalmente conscientemente, una perspectiva religiosa. Con la incorporación de Dianética dentro del marco más amplio de Scientology, se expresa un concepto más extenso que hizo evidente la naturaleza fundamentalmente religiosa de esta filosofía. Si bien la aplicación inmediata de Dianética se encontraba –así como las enseñanzas de Cristo durante su vida– en la esfera de la curación mental, el propósito de las enseñanzas subsecuentes, las cuales explicaron y promovieron aquella actividad terapéutica, implicaban una creciente comprensión de ideas y valores espirituales.

VI. VII. La doctrina de Scientology: el thetán y la mente reactiva

El postulado básico de Scientology es que el hombre es de hecho una entidad espiritual, un thetán que ocupa sucesivamente cuerpos humanos materiales. El thetán es una expresión individual de theta, lo cual se entiende que es la vida o la fuente de la vida. Definido informalmente, el thetán es el alma, pero es además la verdadera persona, la identidad continua y persistente que transciende el cuerpo que habita. Se dice que es inmaterial e inmortal, o que por lo menos tiene la capacidad de ser inmortal y de tener un potencial creativo infinito. No es parte del universo físico; pero tiene la capacidad latente de controlar ese universo, el cual consta de Materia, Energía, Espacio y Tiempo (MEST, del inglés Matter, Energy, Space, Time). Se considera que los thetanes crearon el mundo material más que nada para su propio placer (lo que de hecho también podría decirse sobre la creación del mundo por el Dios cristiano).

Se sostiene que, en determinado momento hace mucho tiempo, los thetanes se convirtieron en víctimas de su propia participación en MEST, llegando a ser atrapados por el mismo y permitiendo que su creación limitara sus propias habilidades y circunscribiera su esfera de operaciones. De ahí que las actividades y logros del hombre en el mundo material actual no llegan, ni mucho menos, a alcanzar su potencial; él está abrumado por sus incontables enmarañamientos en el pasado con MEST, y éstos son grabados en una mente reactiva que responde irracional y emocionalmente a cualquier cosa que hace evocar pasadas experiencias dolorosas y traumáticas (que él ha sufrido o causado a otros). La mente reactiva funciona en desafío de esa capacidad para controlar, la cual, si él pudiera recapturar sus verdaderas habilidades espirituales innatas, hubiera podido haber ejercido sobre su cuerpo y su ambiente. Si bien el hombre es considerado como fundamentalmente bueno y tanto deseoso como capaz de la supervivencia, su pasada pérdida de habilidades lo ha convertido en una especie en peligro.

VI. VIII. La doctrina de Scientology: la reencarnación y el "karma"

Se cree que los thetanes han ocupado incontables cuerpos a lo largo de eones de tiempo. De ahí que Scientology aboga una teoría que, si bien difiere en sus detalles, comparte suposiciones importantes con la teoría de la reencarnación según es afirmada en el hinduismo y el budismo. El énfasis cienciológico en la importancia de consecuencias presentes (o futuras) de acciones pasadas se asemeja al concepto de karma. Efectos desfavorables resultan de "actos hostiles" (actos dañinos) que son un aspecto del enmarañamiento con el universo material. Lo ideal para el thetán es mantener una acción racional y estar "en causa" sobre los fenómenos: es decir, determinar el curso de eventos en el ambiente inmediato. La idea tiene analogías evidentes con el concepto oriental de crear buen karma para el futuro por medio de acciones sanas, aunque los cienciólogos no usan estos términos o conceptos. Los eventos de vidas pasadas afectan al presente, pero, por medio de las técnicas desarrolladas en Scientology, estos eventos son evocados, enfrentados, y las fuentes específicas de los problemas actuales pueden ser localizadas en estos eventos. Es esta facilidad la que provee la base para la curación espiritual, es decir, que provee la oportunidad para alterar los efectos "karmáticos" de acciones pasadas.

VI. IX. La doctrina de Scientology: las ocho dinámicas

De acuerdo con Scientology, la existencia puede ser reconocida en ocho distintas divisiones en orden ascendiente de magnitud, cada una de ellas siendo designada como una dinámica. Se describen brevemente de la siguiente forma: la primera, la dinámica de uno mismo, el impulso de uno mismo hacia la existencia; la segunda, la dinámica del sexo, la cual incorpora tanto el acto sexual como la unidad familiar y el mantenimiento de la familia; la tercera, la voluntad hacia la existencia, la cual se encuentra en un grupo o una asociación, tal como la escuela, el pueblo, o la nación; la cuarta, la voluntad dinámica de la humanidad de mantener su existencia; la quinta, la existencia y la voluntad de sobrevivir de todo el reino animal, el cual incluye a todos los seres vivientes; la sexta, el impulso hacia la existencia de todo el universo físico de materia, energía, tiempo y espacio; la séptima, "el impulso hacia la existencia como espíritus o de los mismos", lo cual incluye todos los fenómenos espirituales, con o sin identidad; y, por último, la octava dinámica: el impulso hacia la existencia como infinito. Esta dinámica se identifica como el Ser Supremo, al cual también se le puede llamar la "dinámica de Dios". Scientology tiene que ver con la supervivencia, y la supervivencia en cada una de estas dinámicas es considerada parte de la meta de la práctica de Scientology. De ahí que aunque una gran parte de la práctica inicial de Scientology tiene que ver más precisamente con mayores beneficios espirituales personales para aquellos (los preclears) que buscan asistencia cienciológica, a fin de cuentas, el cienciólogo debe darse cuenta de que su vida actual es apenas un fragmento de su existencia continua como un thetán, y que la vida del individuo está vinculada a cada uno de esos niveles ascendientes descritos en las ocho dinámicas, y de esa forma, finalmente a la existencia y supervivencia del Ser Supremo o el infinito.

VI. X. La doctrina de Scientology: terapia y comunicación

Al igual que otras religiones, la preocupación primordial e inicial de muchos de los que son atraídos por Scientology es la salvación inmediata del sufrimiento y pena inmediata; éste es el atractivo del elemento terapéutico que se encuentra en muchas religiones —notablemente en las etapas iniciales del cristianismo— junto con las enseñanzas más místicas, metafísicas y espirituales que se espera que los creyentes encontrarán a medida que crecen dentro de la religión (véase Hebreos, 5:12-14). La mayoría de los cienciólogos han aprendido por primera vez sobre la posibilidad de mejorar sus experiencias cotidianas y de realzar su inteligencia (adquiriendo cada vez más control sobre la mente reactiva). La posibilidad de lograr tales resultados, por medio del proceso de auditación, se representa por la formulación conocida como A-R-C. A representa Afinidad, la cual representa la experiencia emocional del individuo y su sentido de la relación hacia otros por medio de las emociones. R representa la Realidad, la cual es representada como el consenso intersubjetivo de los fenómenos objetivos. C representa la Comunicación, a la cual Scientology le da mucha importancia. Cuando las personas tienen una afinidad, cuando están de acuerdo sobre la naturaleza de los fenómenos objetivos, entonces la comunicación puede ocurrir fácilmente. Asociado con este concepto triádico de A-R-C está la escala de emociones humanas, a la cual los cienciólogos llaman la "escala tonal". A medida que el tono emocional desciende, la comunicación se torna difícil, y la realidad se experimenta de mala forma. Sin embargo, la comunicación en sí es una agencia que busca aumentar la comprensión y, cuando es utilizada eficaz y precisamente, se convierte en la agencia terapéutica principal para liberar al individuo del entrampamiento que ha experimentado con el mundo material. El thetán puede ser habilitado para comunicarse con su propio pasado, reconocer la naturaleza de las pasadas experiencias traumáticas, y lograr el autoconocimiento que le permite escaparse de estos obstáculos.

VI. XI. La doctrina de Scientology: la auditación como agente terapéutico

La escala tonal es la primera representación para el individuo de la posibilidad de beneficio de Scientology, indicando un ascenso del tono emocional crónico, como la apatía, la pena, y el temor, al entusiasmo (y, a niveles más avanzados, a la exaltación y serenidad). Es justamente para experimentar beneficios de este tipo que muchos son atraídos inicialmente a Scientology. La técnica para tal progreso se encuentra en la auditación, en la cual un cienciólogo entrenado, por medio de preguntas cuidadosamente controladas, evoca en la conciencia del individuo episodios de su propio pasado que han dejado una huella traumática (un "engrama") en su mente reactiva y que impiden que el individuo se comporte racionalmente. De ahí que el librarse de los efectos de estos obstáculos al pensamiento racional sea el proceso mediante el cual el individuo se eleva en la "escala tonal", mejorando sus competencias de esa forma, pero también es —y he aquí en donde se encuentra su significado religioso más amplio— el método mediante el cual el thetán podría lograr la salvación, inicialmente por medio de eliminar las aberraciones que sufre como consecuencia del enmarañamiento con el mundo material, y finalmente, por medio del logro de la libertad total de los malos efectos del universo MEST. Los cienciólogos se refieren a esta situación como estar "en causa". Tiene evidentes analogías con el modo de salvación ofrecido en las religiones orientales. Ya que éstas también consideran que el individuo está abrumado por los efectos de las acciones pasadas (karma), el concepto de salvación que abogan es también a través de un proceso (ilustración) mediante el cual el efecto del karma puede ser superado, liberando al individuo. La meta final es que el individuo, conocido como el Thetán Operante, exista fuera del cuerpo, que esté en una condición descrita como exterior a todo lo físico. Tal condición es una que al menos algunos cristianos reconocerían como la condición del alma salvada.

VI. XII. La doctrina de Scientology: medios racionales para la salvación

La filosofía religiosa esbozada anteriormente es la filosofía en la cual se fundamenta la práctica de Scientology. El propio Hubbard la ha considerado en algunas formas como similar a la filosofía de las religiones orientales. En particular, ha citado a los Vedas, los himnos de creación que forman parte de la tradición hindú, como contentivos de un concepto muy similar al "Ciclo de Acción" de Scientology. El Ciclo de Acción es el orden aparente de la vida desde el nacimiento, a través del crecimiento, hasta el decaimiento y la muerte, pero por medio de los conocimientos que Scientology hace disponibles los efectos maléficos de la operación de este ciclo quizás puedan ser evitados. El ciclo puede modificarse desde uno de creación, supervivencia y destrucción, hasta uno en el cual todos los elementos pueden ser artes creativas: Scientology se ha comprometido a promover y aumentar la creatividad y a conquistar el caos y el negativismo. Reconoce una "pista" o línea continua de descenso de sabiduría de los Vedas y Gautama Buddha al mensaje cristiano, y dice tener alguna afinidad con las enseñanzas de todos éstos. Pero si bien la sabiduría presentada en el budismo, por ejemplo, quizás permitía que algunos individuos lograran la salvación en una vida, no existía, pues, un conjunto de prácticas precisas que aseguraran este resultado; existía poca posibilidad de reproducirlo: el logro de la salvación seguía siendo sujeto a factores fortuitos o sin controlar. Lo que Hubbard pretendió hacer fue normalizar, casi hacer una retina de la práctica religiosa, y aumentar la predictibilidad de resultados soteriológicos. Tal aplicación de los métodos técnicos a metas espirituales indica el punto hasta el cual Scientology adopta técnicas modernas para la realización de metas que en un tiempo eran alcanzadas tan sólo intermitentemente y alguna que otra vez, si es que se alcanzaban. Se trata, pues, del intento de introducir la certeza y el orden en los ejercicios y logros espirituales. Scientology busca disciplinar y ordenar la búsqueda religiosa utilizando procedimientos racionales. En ese sentido, ha logrado en la era tecnológica mucho de lo que el metodismo intentó hacer en una etapa anterior de desarrollo social, al tratar de persuadir a las personas que la meta de la salvación debía buscarse en una forma controlada, disciplinada y metódica; mientras que los métodos reales de los metodistas todavía estaban expresados en el lenguaje relativamente convencional del cristianismo actual, los métodos abogados por Scientology llevan la marca indeleble de una sociedad más comprometida de lleno a los procedimientos racionales y tecnológicos. Los medios que los cienciólogos emplean se han comparado al upaya ("método correcto") de la séptima etapa del camino bodhisattva a la salvación en el budismo mahayana. De acuerdo con esta versión del budismo, en la séptima etapa, el creyente se convierte en un bodhisattva trascendental, quien (al igual que el thetán operante en Scientology) ya no está amarrado a un cuerpo físico.

VI. XIII. *La doctrina de Scientology: la auditación como asesoramiento pastoral*

Los medios que Scientology utiliza constituyen una forma de asesoramiento pastoral, organizado en forma muy específica en las técnicas de auditación (del latín audire, escuchar). Las técnicas y los aparatos específicos de auditación están organizados como una tecnología que constituye el núcleo de la práctica religiosa de Scientology. Este patrón de práctica es esencial para todos los que quieran experimentar los beneficios compensatorios de la religión, y el esfuerzo de Hubbard se ha destinado a reducir el proceso de ilustración espiritual a un conjunto de procedimientos ordenados que alcanzan sistemáticamente niveles más profundos de conciencia. Se afirma que este método, al igual que la afirmación en la Ciencia Cristiana, elimina tanto el sentido del pecado como los efectos de los sufrimientos y acciones malas pasadas.

VI. XIV. La doctrina de Scientology: etapas de salvación

Las dos etapas principales en este proceso curativo y soteriológico son las condiciones descritas respectivamente como Clear y Thetán Operante. El preclear quien llega a conocer a Scientology por primera vez está trastornado por los impedimentos mentales de pasadas experiencias dolorosas y emocionales. La auditación busca traer estos impedimentos al nivel de conciencia, a hacer que el individuo se comunique con su pasado, a que se enfrente a aquellos eventos que han ocasionado la descarga emocional, y llevar de esa forma al individuo a un punto en el cual trasciende esa descarga y puede analizar estos trastornos, olvidados hasta ese momento, con total ecuanimidad y conciencia racional. Los efectos maléficos de tales impedimentos son disipados de esta forma. Los bloques mentales, sentimientos de culpabilidad e insuficiencia, la obsesión con traumas pasados u ocasiones incidentales de trastorno emocional son superados. Al individuo se le trae "al tiempo presente", es decir, es liberado de los efectos inhabilitantes de eventos que han ocurrido en la "línea temporal" de épocas anteriores de la vida actual o de vidas pasadas. Al mejorar la comunicación, la auditación lleva al thetán a una condición en la cual se han eliminado los obstáculos pasados. A él se le define como un Clear, un ser que ya no tiene su propia mente reactiva, quien es auto-determinado, al menos con respecto a su propio ser. El Thetán Operante está a un nivel más elevado en el proceso, ya que él también ha adquirido control sobre su entorno. Él ya no depende del cuerpo que, por el momento, ocupa; de hecho, se dice que ya no ocupa un cuerpo. En otras palabras, podría decirse que el Thetán Operante es un ser que ha realizado su potencial espiritual total, que ha logrado la salvación. La obra actual ¿Qué es Scientology? (pág. 222) afirma que "en el nivel de Thetán Operante se trata con la inmortalidad del individuo como ser espiritual. Se trata con el thetán mismo en relación a la eternidad… hay estados más elevados que los de hombre mortal".

VI. XV. Los papeles religiosos en Scientology: el auditor

Los servicios religiosos están disponibles en Scientology por medio de cuatro agentes relacionados, cuyos papeles se complementan y coinciden hasta cierto punto. Estos funcionarios son el auditor, el supervisor de caso, el supervisor de curso y el capellán. El papel del auditor es fundamental: la auditación es la técnica vital para la adquisición máxima de esa forma de ilustración por medio de la cual el individuo es salvado. El auditor está entrenado en conocimientos por medio de los cuales ayuda a otros y los ayuda a que se ayuden ellos mismos.

"Se exige que todos los auditores de Scientology lleguen a ser ministros ordenados". [¿Qué es Scientology?, pág. 557], y todo auditor ha tomado cursos de entrenamiento que lo preparan para ser ministro, aunque quizás de hecho no llegue a desempeñar ese papel. El auditor aprende a tratar con el preclear que busca su ayuda tan neutral y clínicamente como sea posible.

A diferencia del confesor en la Iglesia Católica Romana, el auditor no actúa según sus propias comprensiones espirituales y su evaluación personal de las necesidades del preclear, sino que sigue detalladamente los procedimientos prescritos. La intención total de Scientology es la eliminación de elementos incidentes, adventicios e idiosincrásicos de sus servicios terapéuticos y espirituales; se hace todo esfuerzo por asegurar que la emoción no estorbe los procedimientos y las técnicas de auditación estandarizadas. De ahí que el asesoramiento pastoral es visto, sobre todo en la propia situación de auditación, como una técnica mucho más exacta que la forma en que se ha considerado en las iglesias convencionales, y se le pone una mayor y más precisa atención. Para los cienciólogos, el asesoramiento pastoral no es el suministro de consejos arbitrarios dados a discreción personal o debido a la competencia variable de un individuo en comparación con otro, sino que se trata de un esfuerzo sistemático y controlado por promover la auto-ilustración y los conocimientos espirituales.

VI. XVI. *Los papeles religiosos en Scientology: el supervisor de caso*

La responsabilidad por la aplicación correcta de los procedimientos de la auditación recae en el supervisor de caso. Una de sus funciones más importantes es revisar cuidadosamente las anotaciones que el auditor ha tomado durante las sesiones de auditación en cuestión. Estas anotaciones son muy técnicas, incomprensibles excepto para el auditor entrenado, y consisten de anotaciones sobre la aplicación de los procedimientos auditados, las respuestas indicadas por el E-Metro, y cómo le fue al preclear. Las anotaciones deben estar suficientemente completas para enseñar que el progreso espiritual del preclear está de acuerdo con la soteriología de Scientology. El supervisor de caso es capaz de entender estas anotaciones técnicas, ya que está altamente entrenado como auditor, y ha recibido entrenamiento adicional especializado como supervisor de caso. Él verifica que la auditación esté de acuerdo con los estándares prescritos, que las técnicas hayan sido aplicadas de modo correcto, y que el preclear esté teniendo un progreso apropiado. Si cualquier error llegara a ocurrir en la auditación, el supervisor de caso lo detecta y corrige. Él puede requerir que el auditor que se equivocó vuelva a estudiar los materiales que aplicó mal y practique el procedimiento correcto para asegurarse de que no se repitan esos errores. Después de cada sesión, especifica el siguiente paso de auditación. Debido a que las personas son distintas, se revisa cada caso de modo individual para determinar el proceso apropiado que debe aplicarse y asegurar que el preclear esté teniendo el progreso espiritual conveniente. El papel del supervisor de caso es asegurarse de que la auditación de Scientology se conduzca y controle de modo adecuado.

VI. XVII. *Los papeles religiosos en Scientology: el supervisor de curso*

El supervisor de curso es aún más fundamental para la práctica de Scientology que el auditor. Él es quien entrena a los auditores según las exigentes normas expuestas por Hubbard. El supervisor de curso es un experto en las técnicas de estudio desarrolladas por Hubbard. Está entrenado para identificar cualquier obstáculo a la comprensión y resolver cualquier dificultad que el estudiante de literatura de Scientology pueda encontrar. El supervisor de curso asegura que el estudiante comprenda la teoría y domine la aplicación de Scientology practicando ejercicios. A diferencia de otros supervisores de salones de clase, el supervisor de curso no dicta clases ni trata de ninguna forma de ofrecer su propia interpretación del tema. Este punto es importante, pues los cienciólogos creen que los resultados obtenidos en Scientology se dan sólo si se sigue de cerca la escritura de Scientology exactamente como la escribió Hubbard. Las exposiciones verbales transmitidas por el maestro al estudiante, así fueran no intencionales, inevitablemente implicarían alterar el material original. De ahí que el supervisor de curso es necesariamente un experto en reconocer una situación en la cual el estudiante se encuentra con un problema y en dirigirlo hacia el lugar en donde, por sus propios esfuerzos, encuentra su solución.

VI. XVIII. *Los papeles religiosos en Scientology: el capellán*

Todas las iglesias y misiones de Scientology tienen un capellán. Él es un auditor entrenado, y el curso ministerial es parte esencial de su entrenamiento. Ese curso presenta a Scientology como una religión, como un medio con el cual los hombres logran la salvación. Incluye una introducción a las enseñanzas de las grandes religiones mundiales; entrenamiento en celebrar servicios y ceremonias; estudio del Credo y los códigos de Scientology; e instrucción en ética y tecnología de auditación. Quizá el aspecto principal del papel del capellán es el asesoramiento pastoral, no en el sentido general en que tal asesoramiento se provee en un curso de auditación, sino en el sentido más difuso de escuchar problemas y dificultades encontradas por los cienciólogos al dominar las enseñanzas y técnicas de la religión. El capellán busca hacer más eficientes las operaciones de organización, y, si se le solicita, busca interpretar asuntos morales e incluso familiares de acuerdo con los princípios de Scientology. En su manera de funcionar dentro de una organización de Scientology en particular, su actuación se asemeja bastante al capellán de un obispo en una iglesia reconocida. El capellán sirve de celebrante en los ritos de transición llevados a cabo en la Iglesia (a saber, ritos matrimoniales y de funerales). En los servicios semanales (los cuales, para conveniencia general, se celebran los domingos), él oficia el servicio, sobre el cual ejerce cierta discreción general. Dentro del servicio, también desempeña un papel de predicador, bastante parecido al de un ministro No Conformista. En este papel, su función es de expositor (en vez de orador). Su charla siempre tiene mucho que ver con las enseñanzas y aplicación de los principios de la religión.

VI. XIX. Medios técnicos para metas espirituales: una religión, no una ciencia

Para entender el funcionamiento de Scientology y de sus profesionales religiosos, es necesario reconocer que Scientology une medios técnicos a metas espirituales. Su énfasis en técnica, su uso de lenguaje técnico, y su insistencia en procedimientos sistemáticos y orden detallado no debe eclipsar la naturaleza espiritual y soteriológica de sus preocupaciones definitivas. Scientology es una religión que ha surgido en una época dominada por la ciencia: sus métodos llevan la huella de la época en la cual fue creada. Parte de su compromiso fundamental es hacia la idea de que el hombre debe pensar racionalmente y controlar sus propias emociones, poderosas pero trastornadoras. Sólo de esta forma logrará el hombre la libre voluntad y autodeterminación total que los cienciólogos consideran son sus derechos y sus necesidades. Para lograr la salvación, el individuo debe llevar a cabo una aplicación consistente y estable de fórmulas bien formuladas. Al igual que la Ciencia Cristiana, Scientology se propone tratar con certezas. Las metas finales de Scientology parecerían trascender las pruebas empíricas, y las creencias de sus adherentes son trascendentales, metafísicas, y espirituales, a pesar de que la religión enfatiza la experiencia personal como la ruta a la convicción o certeza personal. El estilo científico de discusión cienciológico no desacredita su condición y preocupaciones religiosas.

VII. Análisis Sociológico de la Evolución de la Iglesia de Scientology

VII. I. *La evolución de ideas Cienciológicas: vidas pasadas*

Desde mediados de la década de 1950, Hubbard ya había advertido que las vidas pasadas podrían ser importantes para explicar los problemas del hombre. La fundación que estableció en Elizabeth, Nueva Jersey, se estaba dedicando en esa época al estudio de los posibles beneficios de "recordar" "las circunstancias de muertes en reencarnaciones previas" [Joseph A. Winter, El informe de un médico sobre Dianética: teoría y terapia, Nueva York: 1951, pág. 189]. Este interés se desarrolló en un compromiso positivo hacia el punto de vista de que las experiencias nocivas en vidas pasadas (y también en etapas anteriores de la vida actual) creaban "engramas" (impresiones o cuadros de imagen mental que forman la mente reactiva y que son asociados con el dolor y la inconsciencia y causan enfermedades, inhibiciones y, por lo tanto, comportamiento irracional). De ahí que era necesario extender Dianética y Scientology para eliminar estos engramas, al igual que aquellos creados por experiencias en las etapas iniciales de la vida actual del individuo.

VII. II. La evolución de ideas Cienciológicas: desde Dianética hasta Scientology

Esta interrupción de la vida mental fue expresada en otro nivel como theta, el universo del pensamiento, que había sido "enturbulado" por MEST. La intención de la auditación era librar a theta de este impedimento. El concepto de theta también fue refinado en 1951, siendo reconocido como "fuerza de vida, elan vital, el espíritu, el alma" [en La ciencia de la supervivencia, I, pág. 4]. En ese momento, se puede decir que el sistema de creencias de Hubbard se convirtió en un sistema para la curación de almas.

Este acontecimiento se hizo más explícito cuando, en 1952, Hubbard lanzó Scientology, y este sistema de creencias nuevo, expandido y más abarcador, incorporó a Dianética, proporcionándole una explicación metafísica más cabalmente formulada.

Theta era ahora un thetán, una analogía más explícita del alma, y la dimensión religiosa del sistema ahora era explícita. El thetán era considerado como la identidad esencial del individuo, la propia persona (lo que está consciente de estar consciente), y ahora la teoría cienciológica brindaba la justificación metafísica para la tarea de salvación de librar al thetán de los malos efectos de vidas pasadas (ocupaciones previas de cuerpos humanos).

VII. III. La evolución de ideas Cienciológicas: el thetán y el cuerpo

El individuo no puede hablar de "mi thetán", ya que el individuo esencialmente es un thetán que ocupa un cuerpo; en ese sentido, el thetán es considerado aún más importante que el alma en la interpretación cristiana convencional. El thetán entra a un cuerpo (al nacer, después, e incluso antes) buscando identidad. En este sentido, Scientology tiene algo de parecido a los conceptos abarcados en la teoría budista de reencarnación. Sin embargo, Hubbard es más definitivo y preciso en su descripción de la reasignación de thetanes a cuerpos que cualquier cosa que se encuentre en las escrituras budistas.

VII. IV. La salvación inmediata y final

La meta inicial de la auditación de Scientology es liberar al thetán de los confines de la mente reactiva: la meta final es la de rehabilitar al thetán para que logre un estado estable en donde ya no tenga una mente reactiva. Se mueve de una preocupación con la meta próxima e inmediata de su propia supervivencia (la primera dinámica) a un reconocimiento cada vez más expandido de las posibilidades de salvación, a medida que se va identificando progresivamente con la familia, las asociaciones, la humanidad, el mundo animal, el universo, los estados espirituales y el infinito o Dios. De ahí que la meta final del thetán, funcionando a través de las ocho dinámicas, es el logro de una especie de condición como dios a la cual los cienciólogos le llaman "OT Total" o "Estado Nativo".

VII. V. La soteriología de Scientology

Este esquema es en sí una soteriología, una doctrina de salvación. Si la condición final parece exceder la salvación normalmente propuesta en la religión cristiana, es porque los soteriólogos a menudo tratan con la salvación inmediata en vez de la salvación final. El cristianismo también tiene conceptos del hombre como heredero conjunto con Cristo, aunque la perspectiva más limitada de que el alma finalmente llegue al cielo a menudo ha satisfecho tanto a la Iglesia como a los laicos. No obstante, en algunos movimientos –el mormonismo es un ejemplo– la idea de que el hombre logra la condición de dios se reconoce explícitamente. Las condiciones en las cuales la salvación ha de lograrse son diferentes en Scientology, pero la idea a largo plazo de salvar al alma se reconoce fácilmente en sus enseñanzas. En su práctica, las metas inmediatas de salvar la cordura del individuo, curando su sufrimiento psíquico y ayudándolo a superar la depresión, se enfatizan, pero son justificadas por referencia a la soteriología que se esboza aquí.

VII. VI. Las similitudes al budismo y la escuela sankhya

Las mecánicas de la vida, según se describen en Scientology, son muy similares a las abarcadas por el budismo y la escuela sankhya del hinduismo. La acumulación de un banco reactivo en la mente se asemeja algo a la idea de karma. El concepto de vidas pasadas tiene mucho en común con las teorías de reencarnación en las religiones orientales. La idea de adquirir acceso a niveles de conciencia se encuentra en el yoga (que está relacionada de cerca con el sankhya), y se cree que el yogui puede obtener poder sobrenatural.

VII. VII. La salvación como posibilidad global y como posibilidad individual

La perspectiva final de salvación para el thetán comprende la idea de supervivencia para la humanidad y los universos animales y materiales, por medio de Scientology. Este elemento de preocupación para con la sociedad y el cosmos ciertamente existe en Scientology. La idea de "aclarar el planeta" (produciendo "clears", personas que se han liberado totalmente de la mente reactiva) ha sido propuesta como una meta. Sin embargo, Hubbard a veces ha cambiado el énfasis, y escribió: "A Scientology no le interesa 'salvar al mundo' sino lograr que individuos capaces sean más capaces dirigiéndose de forma tecnológica y exacta al propio individuo, el cual es el espíritu". [El Carácter de Scientology. 1968, pág. 5]. Sin embargo, lo que quizás se esté enfatizando aquí es que la propia salvación del mundo depende de la salvación de los thetanes individuales, un énfasis típicamente evangélico.

VII. VIII. La moralidad en Scientology

A veces se ha sugerido que el prescribir un código moral es una característica de la religión, aunque las religiones varían considerablemente en cuanto a la medida en la cual se comprometen a un código de moralidad específico. Scientology empezó con las metas generales de realzar el potencial del individuo. En su énfasis en la libertad, ha adoptado un enfoque más permisivo hacia la moralidad del que ha sido expresado por las iglesias cristianas tradicionales. Sin embargo, desde el principio de la exposición de Dianética, Hubbard puso en claro que el individuo era responsable por sus propias limitaciones: que un thetán era básicamente bueno y que disminuiría su propio poder si cometía más actos dañinos. El énfasis de la auditación también es el de exigir que el individuo debe enfrentarse a los problemas y aceptar responsabilidad por su propio bienestar. Éste debe reconocer los "actos hostiles" (actos dañinos) que ha cometido tanto en su vida actual como en sus vidas pasadas. En una publicación importante, *Introducción a la ética de Scientology*, L. Ronald Hubbard expuso las normas éticas requeridas de un cienciólogo, y puso en claro que un compromiso con la ética era fundamental para la religión.

La meta del individuo es la supervivencia; es decir, la supervivencia en las ocho dinámicas, desde la preocupación por uno mismo y la familia hasta la preocupación por el impulso hacia la existencia como infinito, la llamada dinámica de Dios *[véase el párrafo VI. IX]*.

La supervivencia, como un concepto cienciológico, se atiene a la preocupación general de toda religión: la salvación. Se considera que la acción ética es el comportamiento racional que conduce a ese fin. De ahí que Hubbard hizo hincapié en la necesidad del individuo de aplicar normas éticas a su conducta y de comportarse racionalmente si iba a lograr su propia salvación y a facilitar la de toda la humanidad. De esa manera, en formas análogas al compromiso motivado por el interés propio del budista hacia las buenas acciones como una forma de mejorar su karma futuro, al cienciólogo se le insta a que se comporte racionalmente –es decir, éticamente– hacia el logro de la supervivencia, para él mismo y para los grupos cada vez más amplios abarcados por las ocho dinámicas.

Hubbard escribió: "La ética consta de las acciones que el individuo se propone llevar a cabo a fin de lograr la supervivencia óptima para sí mismo y para otros en todas las dinámicas. Las acciones éticas son acciones de supervivencia. Sin el uso de la ética, no sobreviviremos". [pág. 17]. La supervivencia no es la mera supervivencia, sino una supervivencia en una condición dichosa. "La supervivencia se mide en placer" [pág. 32]. De ahí que, al igual que con el cristianismo, la salvación implica un estado de felicidad. Pero "un corazón limpio y manos limpias son la única forma de lograr la felicidad y la supervivencia" [pág. 29]; de ahí que, en la práctica, el lograr la supervivencia exige el mantenimiento de normas morales. Hubbard escribió que "En cuanto a ideales, en cuanto a la honestidad, en cuanto al amor de uno hacia sus semejantes, uno no puede lograr la buena supervivencia para uno o para muchos cuando estas cosas están ausentes". [pág. 23].

La ética de Scientology incorpora códigos morales, pero va más allá en afirmar la racionabilidad esencial de la ética cienciológica, la aplicación de la cual es vista como la única forma en la cual la condición en deterioro de la moralidad contemporánea y las actividades de personalidades antisociales pueden ser remediadas y la humanidad redimida.

En 1981, Hubbard formuló un conjunto de preceptos morales, que se decía se basaban en el sentido común. Describió el folleto en el cual se presentaban como "una obra individual… no forma parte de ninguna doctrina religiosa", con la intención de que se diseminara extensamente como una solución a las normas morales decadentes de la sociedad moderna; sin embargo, los cienciólogos adoptaron este código moral como parte de la religión.

Este código en gran medida hace eco tanto del Decálogo y otros preceptos de moralidad cristiana, expresados en lenguaje moderno y con la añadidura de justificación social, funcional y pragmática para muchos de los principios que se plantean. El código prohíbe el asesinato; el robo; la mendacidad; todos los actos ilegales; el hacerles daño a personas de buena voluntad; e insta, entre otras cosas, a la fidelidad de compañeros sexuales; respeto hacia los padres; asistencia a los niños; moderación; apoyo para un gobierno justo; el cumplimiento de obligaciones; el respeto hacia las creencias religiosas de otros; el cuidado de la salud y del medio ambiente; diligencia; y competencia. Contiene, en términos tanto negativos como positivos, una versión de la regla de oro que a menudo se presenta en las tradiciones cristianas como: "No hagas a otros lo que no te gustaría que otros te hicieran a ti". El folleto exhorta a sus lectores a que regalen copias a todos los otros sobre cuya felicidad y supervivencia se preocupan.

VII. IX. *Las afirmaciones religiosas de Scientology*

A pesar de los diversos elementos descritos anteriormente que tienen que ver con la religión, al principio no se afirmó que Scientology era una religión. Incluso en 1954, cuando tres iglesias fueron incorporadas para Scientology (con títulos un poco diferentes los unos de los otros), las implicaciones religiosas de Scientology todavía no habían sido totalmente exploradas. Sin embargo, Hubbard afirmó que Scientology tenía fines religiosos. Escribió que "Scientology ha logrado la meta de religión expresada en la historia escrita del hombre, la liberación del alma por la sabiduría. Es una religión mucho más intelectual que las que conocía el occidente todavía en 1950. Si nosotros, sin terapia, simplemente enseñáramos nuestras verdades, le traeríamos la civilización al Occidente bárbaro". [La creación de la habilidad humana, 1954, 1968, pág. 180]. Ciertamente, Hubbard consideraba que el cristianismo era en algunos sentidos menos avanzado que el budismo, y se refirió al día del juicio cristiano como "…una interpretación bárbara a lo que se refería Gautama Buddha, la emancipación del alma del ciclo de nacimientos y muertes". [Conferencias de Phoenix, 1968, págs. 29-30]. La propia Scientology era una religión "en el sentido más antiguo y cabal" [ibíd., pág. 35]. En El carácter de Scientology, 1968, Hubbard reiteró algunos de estos primeros puntos, y afirmó que los antecedentes de Scientology incluían los Vedas, el Tao, Buda, los hebreos y Jesús, al igual que varios filósofos. Scientology había introducido la primera tecnología religiosa para superar la acumulación abrumadora de descuido espiritual" [pág. 10], y esto lo veía él como la combinación de la honestidad y precisión de Gautama Buddha y la calidad práctica productiva y urgente de Henry Ford [pág. 12]. Él veía al auditor como alguien entrenado en la tecnología de auditación, y el entrenamiento cienciológico como educación religiosa.

VII. X. L. Ronald Hubbard como líder religioso

Se ha hecho a menudo la afirmación (si no por ellos mismos, entonces por sus adherentes) que los fundadores de movimientos religiosos son agentes especiales de revelación por medio de los cuales un ser supremo se expresa. Este modo profético de liderazgo religioso es característico de movimientos en la tradición judío-cristiana-islámica, pero en la tradición hindú-budista, el líder religioso es visto más típicamente como un maestro que beneficia a sus seguidores indicándoles el camino a la ilustración, por el cual él mismo ha caminado. Hubbard se ajusta mucho más a este último modelo. Se le describe como un maestro, quien, en vez de que las verdades religiosas le hayan sido reveladas, se afirma que las ha descubierto por hechos de investigación científica que indican ciertas prácticas terapéuticas y un cuerpo de conocimiento metafísico que explica el ser más elevado del hombre y su destino final. Las obras cienciológicas contemporáneas construyen una imagen de Hubbard, a quien se le describe sin vacilaciones como un genio, en forma muy similar al estilo de las biografías elogiadoras producidas para realzar la reputación y aclamar la experiencia singular de profetas, gurús y fundadores de movimientos religiosos [por ejemplo, ¿Qué es Scientology?, páginas 83-137]. En la tradición cristiana, líderes religiosos cuyos papeles y reputaciones aclamadas se han acercado más al de Hubbard en Scientology, son Mary Baker Eddy, la fundadora de la Ciencia Cristiana, y los líderes de los diversos movimientos de Nuevo Pensamiento a fines de siglo XIX y a principios del siglo XX.

VII. XI. La religión y la organización de la iglesia

No es ni mucho menos necesario que una religión o un sistema religioso se organice como una iglesia. Los elementos espirituales dentro del esquema cienciológico fueron evidentes antes de que el movimiento registrara organizaciones de iglesias, y estos elementos, en conjunto, ciertamente justifican la designación del sistema de creencias de Scientology como una religión. Pero así fuera la organización como una iglesia el criterio de una religión, Scientology satisface esa prueba. La Iglesia fue incorporada y un credo fue promulgado en la década de 1950, y la forma de ciertas ceremonias fue prescrita. El credo y las ceremonias formalizaron institucionalmente los compromisos implícitos en el sistema de creencia de Scientology. La estructura eclesiástica de Scientology es jerárquica, reflejando el sistema en gradiente de aprendizaje e ilustración espiritual requerida para dominar sus enseñanzas. Las organizaciones de orden inferior son dirigidas como misiones concebidas como agencias evangelistas. Las iglesias de grado inferior llevan a cabo lo que puede describirse como entrenamiento elemental de ministros que conduce a la ordenación y sirven a congregaciones locales de miembros de "parroquias". Este nivel de organización de la iglesia constituye el núcleo del sistema. Por encima de este nivel, se encuentran los grados superiores de organización eclesiástica que se dedican al entrenamiento avanzado de auditores y auditación. Los niveles superiores de organización proveen la guía para las instituciones de niveles inferiores. Análoga a esta estructura, la Iglesia ha desarrollado un ministerio voluntario de laicos, quienes reciben entrenamiento para trabajo social y comunitario. El propio ministerio está jerárquicamente organizado, y cada grado requiere completar cursos de entrenamiento con certificado. En los niveles más bajos de calificación, los ministros voluntarios llevan a cabo, entre otras cosas, visitas a prisiones y hospitales, mientras que los ministerios de niveles superiores buscan, cuando los números lo justifiquen, establecer congregaciones de cienciólogos. La estructura eclesiástica formal en general se asemeja algo a la de las religiones cristianas, aunque la enseñanza y las prácticas pueden ser diferentes. El ministerio voluntario tiene algunos aspectos semejantes a los de los diaconatos laicos de la iglesia anglicana y de otras iglesias.

VII. XII. El credo de Scientology

En una obra, Ceremonias de la Iglesia Fundadora de Scientology, 1966, se explicó que "en un servicio de una iglesia de Scientology, no usamos oraciones, actitudes de piedad, o amenazas de perdición. Usamos los hechos, las verdades, las comprensiones que han sido descubiertas en la ciencia de Scientology" [pág. 7].

El Credo de la Iglesia de Scientology le dedica mucha atención a los Derechos Humanos. Afirma la creencia de que todos los hombres son creados iguales y que tienen derechos a sus propias prácticas religiosas y a su realización a sus propias vidas, cordura, defensa y a "concebir, elegir y ayudar a sus propias organizaciones, iglesias y gobiernos", y de hablar, escribir y pensar libremente".

También afirma la creencia de que el estudio de la mente y la curación de las enfermedades causadas mentalmente no debería enajenarse de la religión o tolerarse en campos no religiosos.

Sostiene que el hombre es básicamente bueno; que está intentando sobrevivir; que su supervivencia depende de sí mismo y de sus semejantes; y de su logro de la fraternidad con el universo. También se afirma que "... nosotros, los de la Iglesia, creemos que las leyes de Dios prohíben al hombre destruir a su propia especie; destruir la cordura de otro; destruir o esclavizar el alma de otro; destruir o reducir la supervivencia de sus compañeros o de su grupo. Y nosotros, los de la Iglesia, creemos que el espíritu puede salvarse, y que sólo el espíritu puede salvar o curar al cuerpo".

VII. XIII. Las ceremonias de Scientology

Las ceremonias de matrimonios y funerales prescritas para la Iglesia, aunque algo poco convencional, no se desvían radicalmente de la práctica general de la sociedad occidental. La ceremonia de bautismo, denominada una "ceremonia de nombramiento" está comprometida de forma más explícita a los principios del sistema de creencias de Scientology. Su propósito es ayudar al thetán que recién ha adquirido este cuerpo en particular. Al momento de su adquisición de un cuerpo nuevo, se considera que el thetán desconoce su identidad, y esta ceremonia de nombramiento es una forma de ayudar al thetán a aprender la identidad de este nuevo cuerpo, de los padres de dicho cuerpo y los padrinos que asistirán al nuevo ser. Por lo tanto, esta ceremonia es un tipo de proceso de orientación, totalmente de acuerdo con la metafísica de Scientology.

VIII. Conceptos de Culto y Salvación

VIII. I. El culto, un concepto cambiante

Las religiones teístas –entre ellas, el cristianismo tradicional– le dan mucha importancia al culto, la expresión formalizada de reverencia y veneración de una deidad, la humildad, sumisión a esa deidad, rezo (comunicación con la deidad), proclamaciones elogiándola, y acciones de gracias por sus beneficios. (Los conceptos más antiguos del culto también implican el sacrificio –animal o humano– y actos de aplacamiento de una deidad vengativa o celosa. Pero los conceptos de culto han cambiado, y formas más antiguas de culto, consideradas en un entonces como indispensables, serían consideradas ahora como en contra de la ley. La idea del culto está cambiando en nuestros tiempos, tanto dentro las iglesias tradicionales como dentro de los nuevos movimientos). El concepto tradicional de culto se asocia generalmente con la presuposición de una deidad (o deidades) como un personaje que es el objeto de actitudes y acciones de culto. Esta definición de culto, la cual está acorde con aquellas empleadas en recientes casos ante los tribunales en Inglaterra, se basa estrechamente en el modelo de la práctica judía-cristiana-islámica. Sin embargo, como lo muestran las pruebas empíricas, el culto en este sentido no ocurre en todas las religiones, y en donde ocurre, manifiesta variaciones significativas, algunos de las cuales se ilustran a continuación.

VIII. II. Variaciones de culto: Budismo Theravada

Primero: el budismo theravada –en su forma pura– y algunas otras religiones proponen, no una deidad suprema, sino una ley o principio final que ni exige ni depende de la reverencia, el elogio o el culto de los creyentes. En general, se acepta que una deidad no es una condición absolutamente necesaria de la religión, y, por lo tanto –si ha de retenerse el concepto– una definición de culto más amplia que la prescrita en la tradición cristiana debe ser adoptada.

VIII. III. Variaciones de culto: Budismo Nichiren

Segundo: existen movimientos religiosos, por ejemplo, en el budismo nichiren, que niegan la existencia de seres supremos pero que requieren el culto de un objeto. Los budistas Soka Gakkai, un movimiento con alrededor de 15 millones de adherentes, con aproximadamente seis mil en Gran Bretaña, le rinde culto a Gohonzon, un mandala sobre el cual están grabados los símbolos o fórmulas vitales de la verdad final. Al rendirle culto al Gohonzon, estos budistas esperan la bendición de éste. De ahí que algo parecido al concepto del culto, como se entiende en los contextos cristianos, puede ocurrir incluso cuando se niega explícitamente a un ser supremo.

VIII. IV. Variaciones de culto: Los Cuáqueros

Tercero: incluso dentro de la tradición cristiana general, no es necesario que actitudes de reverencia o humildad impliquen formas de comportamiento como las que se observan en los servicios ortodoxos, católicos romanos o de la Alta Iglesia Anglicana, en los cuales los creyentes hacen una reverencia, se arrodillan o se postran, pronuncian palabras de elogio, de gracias, de bendición y, a cambio de eso y por medio de la suplicación, esperan recibir bendiciones. Dentro del cristianismo existen muchos movimientos que observan prácticas distintas: un ejemplo contundente es el de los cuáqueros. Los cuáqueros se reúnen en un espíritu de reverencia, pero no participan en actos formales de culto, tales como oraciones fijas o habladas, el canto de himnos o la recitación de salmodias: a menudo celebran toda su reunión en silencio.

VIII. V. Variaciones de culto: La Ciencia Cristiana

Cuarto: dentro del cristianismo ha existido una tendencia, tanto dentro de las iglesias tradicionales como dentro de una variedad de grupos recién establecidos de expresar la idea de Dios en términos cada vez más abstractos. Ya que algunos de los principales teólogos modernos han redefinido los conceptos de Dios, a menudo eliminando la idea de Dios como una persona (véase el anterior párrafo IV. III), a muchos les parece que los conceptos más antiguos del culto son anacrónicos. Las encuestas de opinión revelan que una proporción cada vez mayor de los que creen en Dios no creen que Dios es una persona: en vez de eso afirman que Dios es una fuerza. En los movimientos religiosos recién surgidos existen a veces formas de "culto" adaptadas a estos conceptos abstractos más modernos de deidad. Un ejemplo es la Ciencia Cristiana. Ya que ese movimiento, que precede a Scientology por más de setenta años, tiene muchas características en común con Scientology, y ya que la Ciencia Cristiana ha sido reconocida desde hace mucho tiempo como una religión, la actitud de culto en ese movimiento se explora más detalladamente.

En la Ciencia Cristiana, a Dios se le define como "Principio", "Vida", "Verdad", "Amor", "Mente", "Espíritu", "Alma". Estas abstracciones impersonales no requieren manifestaciones de sumisión o veneración, y en los servicios de iglesia de la Ciencia Cristiana se les concede apenas una expresión limitada a estas disposiciones. Las opiniones de Mary Baker Eddy (fundadora de la Ciencia Cristiana) sobre el culto son representadas en estas citas de su libro, Ciencia y salud con clave a las Escrituras:

"El rezo audible nunca puede hacer lo que logran las obras de comprensión espiritual… Oraciones largas, supersticiones y credos cortan las alas fuertes del amor y arropan la religión en formas humanas. Lo que materializa al culto obstaculiza el crecimiento espiritual del hombre y le impide que demuestre su poder sobre el error". [páginas 4-5]

"¿Queréis a vuestro Señor Dios con todo vuestro corazón, y con toda vuestra alma y con toda vuestra mente?' Esta orden incluye mucho, hasta la renuncia de toda sensación meramente material, afecto y culto". [pág. 9]

"La historia de Jesús creó un nuevo calendario, al cual llamamos la era cristiana; pero él no había establecido un culto ritualista". [pág. 20]

"Es triste que la frase servicio divino ha llegado de forma tan generalizada a significar culto público en vez de acciones cotidianas". [pág. 40]

"Rendimos culto espiritualmente sólo cuando dejamos de rendir culto materialmente. La devoción espiritual es el alma del cristianismo. Rendir culto por el medio de la materia es paganismo. Las ceremonias judaicas y otros ritos son los tipos y sombras del verdadero culto".
[pág. 140]

"Los israelíes centraban su pensamiento en lo material en sus intentos por rendir culto a lo espiritual. Para ellos, la materia era una substancia y el Espíritu una sombra. Pensaban en rendir culto al Espíritu desde un punto de vista material, pero esto era imposible. Podrían suplicarle a Jehová, pero su rezo no arrojaba prueba de que fuera escuchado, pero no entendieron a Dios lo suficiente como para demostrar su poder de curar". [pág. 351]

Aunque los Científicos Cristianos usan la Oración al Señor como congregación, esa oración se traduce en varias afirmaciones de acuerdo con las enseñanzas de Eddy. El rezo silencioso en la Ciencia Cristiana es afirmación de "verdades", no suplicación: Dios es un "Principio" a ser demostrado, no un "Ser" a ser aplacado o apaciguado. De ahí que el culto en la Ciencia Cristiana es diferente en forma, ambiente y expresión que el culto en las iglesias tradicionales.

VIII. VI. El culto definido por sus objetivos, no por sus formas

Los comentarios anteriores sobre las variaciones del culto indican la necesidad –si han de tomarse en cuenta todas las debidas pruebas empíricas– de una definición del culto mucho más amplia que aquella limitada a y dependiente de las suposiciones de una tradición. Las formas tradicionales en las iglesias cristianas no agotan los modos variantes en los cuales el culto puede ocurrir y ocurre (incluso dentro de las iglesias cristianas). Se debe hacer una distinción entre las formas externas de culto (las cuales pueden ser particulares, locales, regionales o nacionales) y los fines del culto, los cuales podemos representar como universales. El fin del culto es el de establecer afinidad entre el devoto y el (ser, objeto, ley, principio, dimensión, "terreno de ser", o "preocupación") sobrenatural final en la forma en la cual lo final es entendido por el cuerpo religioso al cual el devoto pertenece, con miras a su logro final de salvación o ilustración. El enfatizar que la característica que define al culto estriba en su propósito hace evidente la relatividad cultural de las diversas formas que el culto asume. Una vez que el culto es definido por referencia a sus objetivos, podemos comprender los diversos conceptos de lo final, extendiéndose de ídolos hasta leyes trascendentales. De ahí que se le rinda culto a un ídolo como una entidad déspota que confiere favores o causa heridas; en vez de eso, el culto de una deidad antropomórfica enfatiza una relación de confianza, pero también de dependencia; el culto de conceptos más sofisticados de un ser supremo le pone menor énfasis a la volatilidad emocional de la deidad, y enfatiza la búsqueda de la armonía de disposiciones de acuerdo con principios éticos más generales; el culto de una verdad, ley o dimensión final totalmente abstracta tiende a tener que ver con la difusión de conocimientos, el logro de la ilustración, y la realización de todo el potencial humano. Todas estas metas diversamente especificadas pueden ser vistas como parte de la búsqueda de la salvación del hombre, sin importar cuán diferente sea el concepto de la salvación. La reverencia por lo final, por el "terreno de ser" del hombre, sin importar cómo es representado, es un atributo general del respeto y la preocupación por la vida, lo cual no depende de ninguna forma o norma específica vinculada a la cultura.

VIII. VII. La descendencia del modo poético de culto

En las sociedades multireligiosas, el concepto de lo que constituye culto debe ser declarado en términos abstractos si la diversidad de la religión ha de ser debidamente reconocida. Las tendencias recientes y permanentes en la religión son hacia la expresión abstracta y más fácilmente universalizada. Éste es el caso no sólo entre los teólogos principales y entre el clero, sino que también se evidencia entre muchos de los nuevos movimientos religiosos. En una época científica y tecnológica, el concepto de los hombres sobre la deidad o sobre lo final tiende a ser entendido en términos que de por sí concuerdan más con la experiencia científica y técnica, a pesar de que este tipo de lenguaje y forma de conceptuar contrasta con la imaginería poética tradicional que en un entonces era típica de la expresión religiosa.

El modo poético es abandonado poco a poco, no sólo en los movimientos nuevos, sino también en las llamadas iglesias tradicionales, como es evidenciado por las reformas litúrgicas en la Iglesia Católica Romana desde el Vaticano II, y en el reemplazo del Libro de Rezo Común de la Iglesia de Inglaterra con formas de expresión más prosaicas, vernáculas y coloquiales. Fuera de estas iglesias, en movimientos sin la obligación ni siquiera de respeto rudimentario a la tradición, la creación de un nuevo lenguaje y nuevas formas litúrgicas ha disfrutado de aún mayor libertad. Entre estos movimientos se encuentra Scientology.

VIII. VIII. La comunicación como culto

Scientology presenta un concepto totalmente abstracto del Ser Supremo como la Octava Dinámica. Los cienciólogos buscan expandir su conciencia y comprensión para abarcar todas las dimensiones del ser, con el fin de ayudar a, y ser parte de, la supervivencia del Ser Supremo o Infinito. Los cienciólogos veneran a la vida, y reconocen a Dios como el terreno de ser final, pero este reconocimiento no implica formas específicas de comportamiento que siquiera se acercan a los actos considerados como "culto" en las iglesias cristianas tradicionales. Scientology es un movimiento que incorpora a personas de diversos antecedentes religiosos; el cual enfatiza nuevos conceptos de creación, del significado de la vida y de la salvación; y sus enseñanzas aprovechan los conocimientos de más de una de las grandes tradiciones religiosas, así como también de orientaciones científicas amplias. De ahí que sea totalmente apropiado que Scientology presente sus teorías en términos abstractos y universales y que su concepto del culto tome en cuenta estas perspectivas.

La posición general puede expresarse de la siguiente forma: "En Scientology rendimos culto en términos de comunicación. El que quiera rendir culto con efectividad ha de ser el que se consideró capaz de alcanzar la distancia como para comunicarse con el Ser Supremo" [Scientology como religión, pág. 30].

La esencia de Scientology es la comprensión a través de la comunicación; comunicación con el pasado del propio thetán y con el entorno, y en ese sentido se puede decir que es similar a la comunicación que toma lugar en el culto cristiano, la comunicación que el individuo busca con la deidad en la oración y en el servicio eucarístico, cuando, de hecho, actúa, como las iglesias tradicionales lo expresan, como un "comunicante". El propósito es en gran medida el mismo: la purificación del individuo, la rehabilitación de su alma como parte de un proceso de salvación a más largo plazo. En Scientology existen dos formas fundamentales de tal comunicación: la auditación y el entrenamiento.

La auditación ocurre como comunicación privada por el individuo con su pasado (el del thetán), y el auditor y el E-Metro actúan como mediadores, pero es esencialmente un proceso de lograr que el individuo tenga mejor afinidad con su propia personalidad verdadera y original, y en este sentido se busca ponerlo en contacto con una realidad espiritual básica.

El entrenamiento en la Escritura de Scientology es comunicación con las verdades fundamentales y el terreno de existencia. Por medio de una mayor comprensión el individuo busca mayor comunicación con su ser básico, con otros y con todo lo viviente. Estas actividades también comparten elementos característicos del culto, sin importar si tales aspectos como la adoración (de una deidad), una preocupación anticuada por su propiciación, y los antiguos procedimientos de suplicación son, en este contexto moderno, suplantados.

VIII. IX. La meta de supervivencia de Scientology

El término clave que revela el propósito de los servicios que se celebran en una capilla de Scientology es "supervivencia", un concepto que es enfatizado una y otra vez en la literatura de Scientology. "Supervivencia" es, sin embargo, apenas un sinónimo moderno para el antiguo concepto religioso, "salvación", y la salvación es el objetivo primordial del culto en todas las religiones, el establecimiento de afinidad entre la deidad poderosa y el devoto dependiente que dará como resultado la disminución o eliminación de experiencias desfavorables o perniciosas, y la multiplicación de beneficios que culminan en el beneficio final de la vida que continúa.

Scientology se preocupa por la salvación del thetán, su liberación del impedimento de materia, energía, espacio y tiempo, y en el caso más inmediato, por su capacidad de superar las incapacidades corporales y las vicisitudes de la vida cotidiana. El thetán, como la esencia transhumana, o alma, existió antes que el cuerpo físico y tiene la posibilidad de sobrevivirlo. Esta supervivencia finalmente está vinculada a la supervivencia de la Octava Dinámica, el Ser Supremo, y a los servicios de Scientology de auditación y entrenamiento para realzar la conciencia de esta realidad final. De ahí que esta práctica sea una oportunidad para que los participantes renueven y refuercen su reconocimiento de lo sobrenatural. En el sentido amplio que hemos explorado aquí, ésta es una oportunidad para culto e ilustración.

VIII. X. La auditación y el entrenamiento

Las actividades base de Scientology son la auditación y el entrenamiento. Estas son las agencias de salvación espiritual. Sólo por estos medios es que el thetán —es decir, el individuo— puede liberarse y lograr el estado espiritual de estar "en causa" sobre la vida y el mundo material. La auditación, la cual enfrenta al individuo con su propio dolor y traumas pasados, le ayuda a establecer control sobre su vida y lo libra de los impulsos irracionales de la mente reactiva. De esa forma, al ser auditado, puede considerarse que el preclear inicia una búsqueda espiritual para la salvación, los beneficios de la cual crecen cada vez más y conducen finalmente a una condición en la cual el thetán deja de estar "enturbulado" con condiciones materiales (MEST). Tal búsqueda espiritual, cuyo objetivo final es la salvación, sin importar cuán divergente sean las formas externas y especificaciones doctrinales, es la preocupación central predominante de todas las religiones avanzadas del mundo.

El entrenamiento se propone comunicar la sabiduría a cualquiera que busque ilustración, así como también a los que ayudan a otros en su esfuerzo por lograr la salvación. Queda implícita en estos procesos la exigencia de que el individuo encare sus propias pasadas experiencias dolorosas y supere la tendencia de transferir la culpa por sus propios defectos a otros. El entrenamiento hacia este fin se logra por medio de una serie de cursos graduados jerárquicamente en los cuales el estudiante aprende y perfecciona las técnicas de auditación, la cual, una vez que se logre la debida norma, se considera puede ser efectiva al ser aplicada a cualquier preclear. El entrenamiento está organizado como un programa intensivo, y cualquiera que haya presenciado la dedicación concentrada de los que toman los cursos de entrenamiento, como lo he hecho yo en visitas a la Iglesia de Scientology en Saint Hill Manor, no puede quedar sino impresionado por la resolución y seriedad de propósito uniformemente manifestadas por los estudiantes, algo que, por supuesto, es un compromiso religioso.

VIII. XI. El error de Segerdal

Scientology es una religión cuya organización no sigue primordialmente las líneas de congregación tradicionales. En una época en la cual, frente a la revolución de comunicaciones contemporánea, las iglesias establecidas empiezan a reconocer las limitaciones de congregación y a experimentar con otros patrones de culto, Scientology ya ha evolucionado un procedimiento nuevo y más intensivo de asistencia espiritual.

La relación de uno a uno requerida por la auditación y el sistema intensivo de entrenar a los auditores constituye un patrón de cuidado para el progreso espiritual de cada individuo específico que excede fácilmente en su preocupación pastoral cualquier cosa que podría ser ofrecida por formas convencionales de ministerio de congregación.

Al contrario de la interpretación común, el estado de prácticas de Scientology como culto todavía no ha sido tratado en los tribunales. En uno de los primeros casos, Regina contra el Registrador, Ex parte general Segerdal y otro, 1970, el tema central fue si un edificio de la Iglesia de Scientology mantenido en East Grinstead podía ser categorizado como un "lugar de reunión para el culto religioso", puesto que los servicios que la Iglesia celebraba ahí se atenían a criterios que se consideraba determinaban lo que constituía culto. Estos servicios constaban de tales ceremonias como los sermones semanales y otras reuniones, bautizos, servicios funerales y ceremonias de matrimonio. Aunque en este caso, Lord Denning dictaminó que estos servicios en particular no constituían culto, el hecho es que el fundamento de la práctica religiosa en la Iglesia de Scientology estriba en los procedimientos de auditación y entrenamiento.

Para los Scientologists, es aquí en estas actividades que el culto ocurre –como una comunicación con la realidad espiritual– y no en los servicios tratados por el Tribunal en Segerdal. Claro está, estas actividades de culto puede que no estén de acuerdo con el modelo citado por tribunales que tienen en mente el culto cristiano, ya que no es la reverencia hacia una deidad, pero sí es culto al entender de sus practicantes.

Es evidente de lo que se ha sugerido anteriormente (párrafos VIII. I al VIII. VI) que no todas las religiones, ni mucho menos, presuponen un ser supremo. En el caso Segerdal, Lord Denning se refirió al budismo como una excepción al principio que él abogaba, y dijo que quizás podría haber otras excepciones. ¿Por qué no ha de ser Scientology una de ellas? Si hay excepciones, ¿no queda en duda el propio principio, y, por ende, no queda anulada la definición usada? La tendencia a volver a revertir, a pesar de hablarse de excepciones, al énfasis en un ser supremo como un elemento necesario del culto indica la medida en la cual las suposiciones condicionadas culturalmente persisten a pesar de pruebas contrarias de otras culturas.

De hecho, claro está, Scientology sí reconoce la existencia de un ser supremo, pero entiende a esa entidad como algo que no puede ser comprendido fácilmente y con la cual la comunicación, en esta etapa de ilustración humana, es una cosa rara. De ahí que, si bien Scientology presupone un ser supremo, no se presume que los hombres puedan normalmente afirmar que conocen a ese Ser íntimamente. Esto en sí sugiere una forma de humildad, algo que a veces carecen religiones en las cuales a los individuos se les anima a que hagan afirmaciones más audaces de conocer la voluntad y mente de Dios.

En vista de esta comprensión limitada del Ser Supremo, las actitudes de dependencia conocidas en el cristianismo, junto con la suplicación, la veneración, el elogio y la intercesión se vuelven inapropiadas. No serían menos apropiadas para los cristianos que acogieron las fórmulas que definen al Ser Supremo promovidas por los teólogos modernos (véase el párrafo IV. II). Los cienciólogos, quienes consideran a la propia creación como un objeto de reverencia, no carecen de reverencia, pero sin un Dios entendido en términos antropomórficos, los elementos y la forma de culto que se encuentran en la tradición judeo-cristiana se vuelven inaplicables. Cuando la esencia del culto es vista según su propósito y objetivos, en vez de en función de sus formas externas, no es difícil reconocer que las prácticas de Scientology son una forma de culto.

IX. La Evaluación de Scientology según los eruditos

IX. I. Las evaluaciones eruditas de lo que constituye una religión

La evaluación académica de lo que constituye una religión a fin de cuentas se basa en la observación del comportamiento humano: los fenómenos observables proveen las debidas pruebas empíricas al decidir los indicios de la religión de la forma en que es practicada. El desarrollo de disciplinas académicas que están comprometidas a la objetividad, la imparcialidad, la neutralidad ética y la disminución de influencia de los enfoques normativos (encontrados típicamente en Teología) han proporcionado nuevas bases para la evaluación de lo que constituye una religión.

IX. II. La condición religiosa de Scientology según es evaluada por los eruditos

Los sociólogos académicos, en cuyo ámbito se encuentra el estudio objetivo de movimientos religiosos, por lo general reconocen a Scientology como una religión. Un ensayo sobre Scientology se incluye en *Movimientos religiosos en América contemporánea*, editado por Irving I. Zaretsky y Mark P. Leone, (Englewood Cliffs, Nueva Jersey: Prentice-Hall, 1973), en el cual el autor se refiere a Scientology, sin expresar dudas, como una religión.

En una obra editada por la socióloga británica, Eileen Barker, *De dioses y hombres: nuevos movimientos religiosos en Occidente*, (Macon, Georgia: Mercer University Press, 1983), Scientology es tratada sin problema alguno como una religión en tres de cuatro ensayos que le dedican atención a este movimiento en particular. En el cuarto ensayo ("Índices de participación en nuevos movimientos religiosos y pararreligiosos" por Frederick Bird y William Reimer de la Universidad de Concordia en Montreal), se menciona a Scientology de paso como un nuevo movimiento de terapia e, implícitamente, como un movimiento pararreligioso. Sin embargo, con respecto a Scientology y algunos otros grupos, los autores dicen que habían sido incluidos "porque en su simbolismo y ceremonia, en formas notablemente similares, buscan dar origen a una reserva de poder sagrado dentro de cada persona..." (pág. 218).

En otra obra, también editada por Eileen Barker, *Nuevos movimientos religiosos: una perspectiva para entender a la sociedad*, (Nueva York: Edwin Mellen Press, 1982), algunos de los diversos autores mencionan apenas brevemente a Scientology, pero en ningún lugar aparece la sugerencia de que Scientology no es un movimiento religioso, y se incluye en un glosario de Nuevos Movimientos Religiosos al final del volumen.

En un corto estudio dedicado al sectarismo por el actual escritor, [Bryan Wilson, *Sectas religiosas*, (Londres: Weidenfeld; y Nueva York, MacGraw Hill, 1970)], el cual presentó una clasificación de tipos de sectas, Scientology fue incluida: la consideré (y todavía la considero) sin duda como un cuerpo religioso. En esa obra, Scientology fue clasificada como similar en tipo sociológico a la Ciencia Cristiana, Teosofía, la Sociedad Aetherius y varios movimientos de Nuevo Pensamiento (tales como la Iglesia de Ciencia Religiosa, la Escuela de Cristianismo de Unidad, y la Ciencia Divina).

En 1990, yo publiqué un libro, *La dimensión social del sectarismo* (Oxford: Clarendon Press), una colección de estudios de varias sectas y nuevos movimientos religiosos. Un capítulo, intitulado "Scientology: una religión secularizada", se dedicó específicamente a la pregunta de si Scientology podría ser considerada una religión, y llegó a la conclusión de que Scientology sí debería ser considerada una religión, una que abarcaba conceptos y preceptos que eran congruentes con la sociedad secularizada y racionalizada contemporánea.

Estudios sociológicos más recientes adoptan la misma postura. Por ejemplo, el Dr. Peter Clarke, Director del Centro para Nuevas Religiones en el Colegio King en Londres, al evaluar el tamaño y crecimiento de nuevos movimientos religiosos en Europa, en su libro, *Los nuevos evangelistas* (Londres: Ethnographica, 1987), no vacila en incluir a Scientology como una religión. En su libro, *Controversias de cultos: reacciones de la sociedad ante los nuevos movimientos religiosos*, (Londres: Tavistock, 1985), el Profesor James A. Beckford, actualmente Profesor de Sociología en la Universidad de Warwick, emplea –como un gesto a los preconceptos públicos– el término "culto", pero lo hace sólo después de repudiar cualquier conexión peyorativa en su uso. Lo que es más importante, sin embargo, es el hecho de que, sin ninguna reserva, él reconoce a Scientology como una religión. Escribe (pág. 12): "Los sociólogos están en desacuerdo sobre la debida designación de grupos religiosos, tales como la Iglesia de Unificación, Scientology, los Niños de Dios, y la Sociedad Internacional para la Conciencia Krishna..." Este desacuerdo tiene que ver con si los movimientos deben ser designados como sectas, cultos, o simplemente como nuevos movimientos religiosos; pero en la disertación de Beckford no existe ninguna duda para el lector de que todas son religiones.

Con más autoridad que ninguno otro, la Profesora Eileen Barker de la Escuela de Economía de Londres y fundadora y ex directora del Foco de Redes de Información sobre Nuevos Movimientos Religiosos (INFORM, del inglés Information Network Focus on New Religious Movements), una organización económicamente apoyada directamente por el Ministerio del Interior, escribió un libro, *Nuevos movimientos religiosos: una introducción práctica* (Londres: Oficina de Papelería de Su Majestad, 1989), cuya intención específica era la de brindarle al público (y sobre todo a los parientes de los conversos) información precisa sobre nuevas religiones y cómo tratar con ellas. En esa obra, ella da por sentado que Scientology es parte de su tema como una religión (pág. 147) e incluye a la Iglesia de Scientology en un apéndice en el cual se describen aproximadamente 27 nuevos movimientos religiosos.

IX. III ¿Es Scientology una religión? – Profesor Flinn.

En una colección de ensayos eruditos editados por el sociólogo jesuita, el Profesor Joseph H. Fitchter, S.J., de la Universidad de Loyola en Nueva Orleáns, [Alternativas a las iglesias americanas de corriente principal, Nueva York: Rose of Sharon Press, 1983], Frank K. Flinn, actualmente Profesor Adjunto de Estudios Religiosos en la Universidad de Washington, San Luis, Misuri, trata directamente la pregunta sobre la categoría religiosa de Scientology en gran detalle. Él trata primero la categoría religiosa de Dianética:

"Muchos comentaristas afirman que Scientology es una terapia mental que se hace pasar por religión. El quid de esta cuestión, sin embargo, es si uno puede separar 'terapia' de 'religión' o incluso de 'filosofía' por medio de una regla invariable. La palabra therapeuo ("sanar, curar, restaurar"), ocurre frecuentemente en el Nuevo Testamento, y se refiere a las curaciones tanto espirituales como físicas por Jesús de Nazaret..."

"Si bien Dianética tenía tendencias religiosas y espirituales, todavía no era una religión en el sentido cabal de la palabra... Dianética no prometió lo que se pueden llamar recompensas 'trascendentales' como el resultado normal de su terapia. Sin embargo, lo que sí hizo fue prometer recompensas 'transnormales'... En segundo lugar, en la etapa de Dianética en el movimiento, se determinó que, cuando mucho, los engramas se remontaban tan sólo hasta la etapa fetal... En tercer lugar, Dianética tenía sólo cuatro 'dinámicas' o 'impulsos hacia la supervivencia': uno mismo, el sexo, el grupo y la humanidad... En cuarto lugar, las técnicas de auditación en la fase de Dianética [no usaron] el 'E-Metro'. Ha habido mucho debate sobre cuándo Scientology empezó a convertirse en religión. Uno puede citar la incorporación de la Asociación Hubbard de Cienciólogos en Phoenix, Arizona en 1952, y luego el establecimiento de la Iglesia Fundadora de Scientology en 1954. Sin embargo, la incorporación legal no nos dice específicamente cuándo los conceptos religiosos comenzaron a tomar cuerpo en la autocomprensión de la iglesia. Sin embargo, estos debates hacen recordar las disputas en el siglo XIX acerca de cuándo comenzó el cristianismo: ¿durante la vida de Jesús? ¿por medio del sacerdocio de Pablo y los Apóstoles?" (páginas 96-7).

Luego, Flinn considera los cuatro factores esbozados anteriormente en la transición de Dianética a Scientology, señalando que el primer factor, el cambio a metas trascendentales, se distingue por un cambio de la meta de "clear" a la meta de establecer al "thetán operante", y añade: "El concepto de 'thetán' ya no se refiere a un estado mental sino que es análogo al concepto cristiano del 'espíritu' o 'alma' que es inmortal y que está por encima tanto del cerebro como de la mente". (página 98). En segundo lugar, los engramas ahora estaban relacionados con vidas pasadas. En tercer lugar, se añadieron nuevas dinámicas que incluían la supervivencia de animales, el universo material, el espíritu y el infinito. Y, en cuarto lugar, el E-Metro fue introducido, y sobre éste, él dice: "Desde la perspectiva que estoy sugiriendo… el uso del E-Metro es visto mejor como un 'sacramento tecnológico'. Así como la Navidad define un sacramento (por ej., el bautismo) como una 'seña externa y visible de gracia interna o invisible', así ven los cienciólogos al E-Metro, como un indicador externo y visible de un estado interno e invisible ('clear')". (pág. 99).

Flinn añade este comentario:

"La palabra religión se deriva de religare, que significa 'volver a ligar'. Esto me lleva a la definición amplia de la religión como un sistema de creencias expresadas en símbolos que unen las vidas de individuos o grupos, del cual emana un conjunto de prácticas religiosas (ceremonias), y que es sustentado por un modo organizado de vida. Las creencias, prácticas y modo de vida unen las vidas de personas para darle un significado final a su existencia. Si bien todas las religiones tienen elementos rudimentarios de todos los tres aspectos, algunas, por ejemplo, enfatizan el sistema de organización, o modo de vida, más que el sistema de creencias o las prácticas rituales. En Scientology tenemos un ejemplo de un grupo que comenzó con prácticas religiosas (las técnicas de auditación), dentro de poco desarrolló una fuerte estructura eclesiástica, y sólo después de eso formalizó su sistema de creencias en un credo. Esto no quiere decir que el sistema de creencias no estaba latente en las primeras fases de la evolución de la iglesia. Simplemente no estaba codificado de modo formal [en la forma en la cual] la tecnología de organización sí lo estaba desde el comienzo". (páginas 104-5).

Al decir "fuerte estructura eclesiástica", Flinn se refiere a la organización general de Scientology, su sistema de cursos y procedimientos de auditación ordenados jerárquicamente.

X. Scientology y Otras Religiones

X. I. Algunas similitudes entre Scientology y otras religiones

Scientology difiere radicalmente de las iglesias cristianas tradicionales y sectas disidentes en materias de ideología, práctica y organización. Empero, si adoptamos un punto de vista amplio, algo que, en una sociedad multicultural y multireligiosa debe prevalecer, es evidente que, en todos los aspectos esenciales, Scientology ocupa una posición muy cercana a la de otros movimientos que son indiscutiblemente religiones. Ideológicamente, tiene similitudes significativas con la escuela sankhya del hinduismo. En sus actividades de congregación, las cuales, sin embargo, son mucho menos importantes para ella que en el caso de los movimientos no conformistas, existen, de cualquier forma, puntos de énfasis que no son disimilares a los de algunos organismos no conformistas. Sus metas soteriológicas son enfáticamente metafísicas, y se asemejan en algunos sentidos a la Ciencia Cristiana.

X. II. Afiliación dual

Una característica distintiva de Scientology es que a sus miembros no se les exige que abandonen otras creencias y afiliaciones religiosas al dedicarse a Scientology. Podría inferirse de esta característica que

Scientology se conforma con ser simplemente un conjunto adicional o suplementario de creencias y prácticas, pero tal inferencia sería injustificada. He hablado con altos funcionarios de la Iglesia, al igual que con cienciólogos individuales sobre este aspecto de Scientology, y su reacción ha sido que, si bien la exclusividad no se exigía, de hecho, sucedía como cuestión de práctica. Según ellos, a medida que uno se envuelve cada vez más en Scientology, inevitablemente uno descarta la religión anterior. Por ejemplo, mi experiencia me indica que un judío que llega a ser cienciólogo puede permanecer afiliado al judaísmo por razones culturales y puede celebrar los días festivos judíos con su familia y amigos, pero él o ella no practicará y no creerá en la teología judía. Desde mi punto de vista, como erudito, esta explicación parece correcta. Los cienciólogos consideran que su religión es una religión completa que exige la dedicación de sus miembros.

Es más, si bien es una característica de la tradición judía-cristiana- musulmana que el compromiso religioso debe ser exclusivo y que la afiliación dual o múltiple no se tolera, este principio dista mucho de ser universal entre las religiones. No se exige en la mayoría de los ramales del hinduismo o budismo. El Buda no prohibió el culto a los dioses locales. El hinduismo es tolerante con respecto a las lealtades plurales. En el Japón, muchas personas se consideran tanto budistas como sintoístas. La simbiosis de las religiones es un fenómeno muy conocido, y en ciertos sentidos ha ocurrido en el cristianismo (por ejemplo, en la tolerancia del espiritualismo o pentecostalismo por ciertos obispos anglicanos, aunque la doctrina oficial no les dio cabida específicamente). El hecho de que Scientology adopte una posición diferente con respecto a las afiliaciones duales o múltiples de la adoptada convencionalmente en el cristianismo occidental no es justificación válida para negarle su condición de religión.

X. III. Elementos exotéricos y esotéricos de Scientology

La imagen pública de Scientology no se ajusta a los estereotipos generales de la religión. Su literatura se puede dividir en una literatura exotérica de amplia circulación, la cual tiene que ver principalmente con ofrecer ayuda práctica a personas para tratar sus problemas de comunicación, relaciones y el mantenimiento de orientaciones inteligentes, racionales y positivas hacia la vida y una literatura esotérica. Esta literatura presenta la metafísica de Scientology. Presenta la teoría de theta; su deterioro al llegar a ser "enturbulada" con MEST y el proceso de vidas pasadas, e indica la forma en la cual el hombre puede adquirir −propiamente dicho, recuperar− habilidades sobrenaturales. Es ésta la literatura en la cual se presentan los elementos del sistema de creencia de Scientology, y éstos están expresados aquí en términos mucho más cercanos a las teorías en boga en los movimientos religiosos que aquellos presentados en la literatura exotérica del movimiento.

Al distinguir entre las enseñanzas exotéricas y esotéricas, Scientology no es, ni mucho menos, única entre las religiones. Sobre el principio proclamado por Jesús: "Tengo muchas cosas que decirles a ustedes, pero no pueden absorberlas en este momento" (Juan 16:12) y por Pablo al distinguir entre la carne fuerte para los creyentes veteranos y la leche para las criaturas (I Cor. 3:1-3; y Hebreos 5:12-14), varios movimientos cristianos han mantenido una distinción entre las doctrinas y prácticas elementales y avanzadas.

La tradición gnóstica general en la periferia del cristianismo estaba comprometida explícitamente a la preservación de doctrinas esotéricas, y los movimientos contemporáneos a veces categorizados por los eruditos como sectas "de tipo gnóstico" comúnmente hacen tales distinciones. Un ejemplo es la Ciencia Cristiana, cuyas enseñanzas generales son ampliadas por temas enseñados a los que aspiran a ser practicantes reconocidos por maestros designados en clases especiales, el contenido de las cuales es confidencial. Apartando estos casos, la Iglesia de Jesucristo de los Santos del Último Día admiten a sus ceremonias especiales sólo a aquellos mormones que gozan de buena reputación y que reciben un permiso especial de su obispo; eso indica, entre otras cosas, que han estado cumpliendo con su compromiso de diezmar el 10 por ciento de sus ingresos a la iglesia: no se le permite a ninguna otra persona presenciar estas ceremonias.

Más cercanos a la corriente protestante principal, los pentecostalistas a menudo divulgan el significado total de sus enseñanzas y prácticas de "los obsequios del Espíritu" sólo en servicios designados y no en aquellas reuniones diseñadas para atraer al público no pentecostal. La justificación para tal diferenciación es también un principio educativo; los materiales avanzados están disponibles sólo para aquellos que han recibido instrucción anterior y más elemental, la cual les permite asimilar niveles más elevados de instrucción. Ésta es la posición adoptada por Scientology, cuyas enseñanzas requieren un esfuerzo concentrado y sistematizado por parte de los estudiantes.

XI. Los Indicios de la Religión Aplicados a Scientology

XI. I. La eliminación del prejuicio cultural

Existen varias dificultades distintas en la evaluación de los nuevos movimientos religiosos. Una es que, en la mayoría de las sociedades, presuposiciones sobreentendidas con respecto a la religión le dan mucha importancia a la antigüedad y a la tradición.

El uso y la expresión religiosa a menudo se legitiman haciendo referencia específica a la tradición. La innovación en asuntos de religión no se promueve o acepta fácilmente.

Un segundo problema es la firme postura normativa de ortodoxia (sobre todo en la tradición judía-cristiana-islámica), la cual proscribe desviaciones y usa un lenguaje muy peyorativo para describirlas ("secta", "culto", "no conformidad", "disidencia", etc.).

Un tercer problema se menciona en los párrafos anteriores, es decir, que es peculiarmente difícil para los que se han adaptado a una cultura en una sociedad y han sido criados en una tradición religiosa entender los sistemas de creencia de otros, de identificarse con sus aspiraciones religiosas, y de reconocer la legitimidad de sus medios de expresión.

Las ideas religiosas abarcan ciertos prejuicios culturales y visión estrecha. Pero, al intentar interpretar un movimiento como Scientology, es indispensable que estos obstáculos sean reconocidos y trascendidos. Esto no quiere decir que, para entender un conjunto de ideas religiosas, uno debe aceptarlas como ciertas, pero cierta afinidad se debe establecer si se le ha de dar el debido respeto a las convicciones de los adherentes de otras religiones.

XI. II. El caso hasta ahora

La disertación anterior, por necesidad, toca sobre muchos temas y contiene digresiones, ya que implica comparaciones de paso con otros movimientos religiosos y un análisis de literatura producida por los cienciólogos y literatura sobre Scientology por comentaristas académicos. La historia, las doctrinas, las prácticas y la organización religiosa y las implicaciones morales de Scientology han sido examinadas brevemente con atención particular a esos aspectos más contenciosos en esta evaluación de la categoría religiosa del movimiento. Tal evaluación, en la cual se han planteado muchas consideraciones pertinentes, satisface el argumento de que Scientology es una religión. No obstante, ya que hemos intentado (el anterior párrafo II. I) exponer en términos de generalización abstracta aquellas características y funciones que son de más amplia distribución y, por ende, de alta probabilidad, en sistemas religiosos, es apropiado ahora introducir este modelo para uso intencional como un punto de referencia para la afirmación de Scientology de que es una religión. Existen amplias divergencias entre la terminología usada en Scientology y en las especificaciones del modelo, pero éste podría ser el caso, por lo menos hasta cierto punto, para muchos – quizás para todos– movimientos religiosos. No obstante, y teniendo presente la generalidad de los conceptos abstractos utilizados, debería ser posible determinar, sin mucha dificultad o potencial para el desacuerdo, el grado hasta el cual Scientology satisface la desiderata del inventario que hemos producido.

XI. III. Scientology a la luz de los indicios de una religión

A continuación, comparamos los atributos de Scientology con el inventario probabilista de las características y funciones de religión expuestas en el anterior párrafo II. I. Marcamos esos renglones en los cuales Scientology está de acuerdo como Acuerdo o Acuerdo con Reservas; aquellos en que no corresponde como Desacuerdo o Desacuerdo con Reservas y otros casos como Indeterminado.

(a) Los thetanes son entidades que transcienden la percepción normal de los sentidos. Se señala además que Scientology afirma la existencia de un ser supremo. Acuerdo.

(b) Scientology sostiene el postulado de que los thetanes crearon el orden natural. Acuerdo.

(c) Los thetanes ocupan cuerpos humanos, lo cual es equivalente a una intervención continua en el mundo material. Acuerdo.

(d) Los thetanes operaron antes del curso de la historia humana y se afirma que han creado al universo físico y que ocupan cuerpos para su propio placer e identidad y para llevar a cabo un juego. Sin embargo, éste es un propósito indefinido, y el Ser Supremo en Scientology no es representado como si tuviera propósitos definitivos. Acuerdo con Reservas.

(e) La actividad de los thetanes y la actividad de los seres humanos son idénticas. Las vidas futuras del thetán serán afectadas profundamente en la medida en que se libere de su mente reactiva, además de ser profundamente afectado por el mismo proceso en su vida actual. Acuerdo.

(f) La auditación y el entrenamiento son medios por los cuales el individuo puede influir a su destino, ciertamente en esta vida y en las vidas de los cuerpos que pueda llegar a ocupar posteriormente. Acuerdo.

(g) Las ceremonias como simbolismo en el sentido tradicional de culto (por ej., la misa católica) son pocas y rudimentarias en Scientology, así como lo son entre los cuáqueros, pero sí existen. No obstante, para adoptar una posición conservadora, podemos considerar a este renglón como Indeterminado.

(h) La acción aplacadora (por ej., el sacrificio o penitencia) está ausente en Scientology. El individuo busca sabiduría e ilustración espiritual. Desacuerdo.

(i) Expresiones de devoción, gratitud, reverencia y obediencia a entidades sobrenaturales están prácticamente ausentes, excepto en los ritos de transición prescritos en Scientology. Desacuerdo.

(j) Aunque Scientology tiene un lenguaje distintivo que provee un medio de reforzar los valores internos del grupo, y la Escritura o enseñanzas de L. Ronald Hubbard son consideradas sagradas en la connotación popular de la palabra, no se puede decir que esto se ajusta al sentido técnico de lo sagrado, como "cosas separadas y prohibidas". Desacuerdo.

(k) Las actuaciones para celebración o penitencia colectiva no son una característica fuerte de Scientology, pero en años recientes, el movimiento ha desarrollado una serie de ocasiones conmemorativas, incluyendo la celebración del aniversario del nacimiento de Hubbard, la fecha de la fundación de la Asociación Internacional de Cienciólogos y una fecha que festeja a los auditores por su devoción. Acuerdo con Reservas.

(l) Los cienciólogos participan en relativamente pocos ritos colectivos, pero las enseñanzas del movimiento sí proveen un Weltanschauung total, y de esa forma sí acerca a los miembros en un sentido de fraternidad e identidad común. Acuerdo con Reservas.

(m) Scientology no es una religión altamente moralista, pero la preocupación por la conveniencia moral ha aumentado a medida que las implicaciones totales de sus premisas metafísicas han sido realizadas. Desde 1981, las expectativas morales de los cienciólogos han sido formuladas claramente: éstas se parecen a los mandamientos del Decálogo, y hacen aún más explícita la preocupación mantenida por mucho tiempo de reducir "actos hostiles" (actos dañinos). Las doctrinas de la mente reactiva y la reencarnación abarcan orientaciones éticas similares a las del budismo. Acuerdo.

Scientology pone fuerte énfasis en la seriedad de propósito, el compromiso y la lealtad continua hacia la organización y a sus miembros. Acuerdo.

Las enseñanzas de transmigración en Scientology satisfacen este criterio cabalmente. La mente reactiva acumulativa corresponde al demérito para el thetán, y tal demérito puede ser reducido por la aplicación de técnicas cienciológicas. Acuerdo.

(p) Scientology tiene funcionarios que sirven principalmente como "confesores" (auditores), algunos de los cuales también son capellanes cuyas tareas son primordialmente expositoras y pastorales. Los auditores, supervisores de curso y capellanes (de hecho, todos los miembros de personal) buscan proteger la teoría y práctica de Scientology de la contaminación, y en este sentido son custodios. Acuerdo.

(q) Se les paga a los auditores, supervisores de curso y capellanes. Acuerdo.

(r) Scientology tiene un cuerpo de doctrina metafísica que ofrece una explicación para el significado de la vida y su propósito y una teoría intrincada de psicología, al igual que un relato del origen y de la operación del universo físico. Acuerdo.

(s) Scientology adquiere su legitimidad por medio de revelaciones de L. Ronald Hubbard. Las propias fuentes de Hubbard incluyen una mención de la antigua sabiduría del Oriente, pero se afirma que son casi exclusivamente los resultados de la investigación. Esta mezcla de invocar a la tradición, carisma y ciencia ha sido encontrada en otros movimientos religiosos modernos, notablemente, en la Ciencia Cristiana. Acuerdo con Reservas.

(t) Las pretensiones a la verdad en algunas de las doctrinas de Scientology no se pueden probar empíricamente, pero se afirma que la eficacia de la auditación se puede comprobar empíricamente. Sin embargo, las metas de Scientology dependen de la fe en los aspectos metafísicos de la doctrina, así se afirme que los medios son susceptibles a las pruebas empíricas. Acuerdo con Reservas.

XI. IV. Análisis de la comparación

La evaluación anterior de Scientology a la luz del inventario probabilista de la religión da como resultado once renglones en los cuales existe acuerdo;

cinco renglones en los cuales existe acuerdo con reservas; tres renglones para los cuales no hay acuerdo; y un renglón que es indeterminado. Por supuesto, no se puede suponer que estas diversas características y funciones de la religión tienen un peso igual, y la cuenta numérica no debe producir una base demasiado mecanizada para la evaluación. Algunos renglones –por ejemplo, la existencia de un cuerpo pagado de especialistas– aunque común a las religiones, no se limita a las religiones, y, por lo tanto, puede considerarse de menor importancia que algunos otros renglones. De forma similar, el elemento aplacador que es común en la religión podría considerarse simplemente como una característica residual de patrones anteriores de dependencia cuasi-mágica de la cual organizaciones religiosas instituidas más recientemente quizás se habrán liberado. Si bien la mayoría de las religiones tradicionales cumplirían con la mayoría de estas probabilidades, muchas sectas muy reconocidas estarían en desacuerdo con algunas de ellas. Hemos advertido esto sobre los cuáqueros con respecto al culto y sobre la Ciencia Cristiana con respecto a legitimación. Los unitarios no cumplirían con varios renglones: el culto, la santificación, los conceptos tradicionales de pecado y virtud, y quizás con respecto al significado de la enseñanza metafísica. Ni los cristadelfianos ni los cuáqueros satisfacerían los criterios con respecto a especialistas religiosos o el pago de los mismos.

XI. V. Los Scientologists consideran sus creencias como religión

No debe permitirse que el uso del anterior inventario cree una impresión de que las conclusiones expuestas en esta opinión dependen sólo de razonamiento formal o abstracto. El inventario es una base contra la cual las pruebas empíricas —es decir, el comportamiento observado— se evalúa. Muchos cienciólogos tienen un fuerte sentido de su propio compromiso religioso. Perciben sus creencias y prácticas como una religión, y muchos de ellos las llevan a niveles de compromiso que exceden los que normalmente se encuentran entre los creyentes de las iglesias tradicionales. En este sentido, muchos cienciólogos se comportan como miembros de sectas religiosas, quienes, por lo general, están más intensamente comprometidos a su religión que la vasta mayoría de los creyentes en las iglesias y religiones reconocidas por mucho tiempo. Como sociólogo, yo veo a Scientology como un sistema auténtico de creencias y prácticas religiosas que evoca de sus devotos un compromiso profundo y sincero.

XI. VI. Cambio contemporáneo en la religión tout court

Hemos advertido que todas las religiones han pasado por un proceso de evolución: cambian a través del tiempo. El hecho es que la religión en sí experimenta cambio. Como un producto social, la religión asume mucho del color y carácter de la sociedad en la cual funciona, y los nuevos movimientos revelan características que no se encontraban en los movimientos más antiguos (al menos al momento de su origen).

Hoy en día, nuevos acontecimientos en la religión ponen de manifiesto que existe una preocupación mucho menor con una realidad objetiva que se supone está "allá afuera", y que hay más interés en la experiencia subjetiva y en el bienestar psicológico; por lo tanto, una menor preocupación con las formas tradicionales de culto, y una mayor preocupación con la adquisición de seguridad (algo que es en sí un tipo de salvación) de otras fuentes que la supuesta comodidad brindada por un dios-salvador remoto. Por lo tanto, debemos esperar que este énfasis se pondrá de manifiesto en el inventario que hemos usado como modelo. El modelo refleja mucho de lo que permanece existente en la religión pero que se deriva de una práctica antigua. Las nuevas religiones –incluso religiones tan antiguas como las sectas protestantes principales– no encontrarán acuerdo con todos estos elementos: reflejan las características de la etapa evolutiva en la cual llegaron a existir.

Por consiguiente, debemos reconocer que los movimientos modernos no estarán de acuerdo con todos los renglones en nuestro modelo (el cual relativamente no tiene limitaciones de tiempo). Al tomar todo esto en cuenta, es evidente para mí que Scientology es una religión auténtica y que debe ser considerada como tal.

El Autor

Bryan Ronald Wilson (25 junio 1926 a 9 octubre 2004), ha sido el lector Emérito de Sociología en la Universidad de Oxford. De 1963 a 1993 fue también un Miembro del Colegio de All Souls, y en 1993 fue elegido miembro Emérito.

Durante más de cuarenta años, ha realizado investigaciones en movimientos religiosos minoritarios en Gran Bretaña y el extranjero (en Estados Unidos, Ghana, Kenia, Bélgica y Japón, entre otros lugares). Su trabajo ha incluido la lectura de las publicaciones de estos movimientos y, siempre que fuera posible, la asociación con sus miembros en sus reuniones, servicios, y hogares.

Ha acarreado una atención constante, y una evaluación crítica de las obras de otros expertos. Obtuvo los Grados de licenciado (Econ) y Doctorado de la Universidad de Londres y la M. A. de la Universidad de Oxford. En 1984, la Universidad de Oxford reconoció el valor de su obra publicada confiriéndole el grado D. Litt. En 1992, la

Universidad Católica de Lovaina, en Bélgica, le otorgó el grado de Doctor Honoris Causa. En 1994, fue elegido miembro de la Academia Británica.

En varias ocasiones ha mantenido los siguientes nombramientos:

Miembro del Fondo de la Commonwealth (Harkness Fundación) en la Universidad de California en Berkeley, Estados Unidos, 1957-8

Profesor visitante, Universidad de Ghana, 1964

Miembro del Consejo Americano de Sociedades Eruditas, en la Universidad de California en Berkeley, Estados Unidos, 1966-7

Consultor de Investigación para Sociología de la religión para la Universidad de Padua, Italia, 1968-72

Investigador visitante de la Sociedad Japonesa, 1975
Profesor visitante, Universidad Católica de Lovaina, Bélgica, 1976, 1982, 1986, 1993

Profesor visitante Snider, Universidad de Toronto, Canadá, 1978

Profesor visitante de Sociología de la Religión, y Consultor de Estudios Religiosos para la Universidad Mahidol, Bangkok, Tailandia, 1980-1

Miembro visitante Scott, Escuela Ormond, Universidad de Melbourne, Australia, 1981

Profesor visitante, Universidad de Queensland, Australia, 1986

Profesor Visitante distinguido, Universidad de California, Santa Barbara, California, EE. UU., 1987

Durante los años de 1971 al 1975, fue presidente de la Conférence Internationale de Sociologie Religieuse (la organización mundial de la disciplina), en 1991 fue elegido Presidente Honorario de esta organización, ahora rebautizada como Société Internationale de Sociologie des Religions.

Miembro del Consejo de la Sociedad para el estudio científico de la religión (EE.UU.) 1977-9

Durante varios años, editor asociado europeo, Diario para el estudio científico de la religión.

Durante seis años, editor adjunto de The Annual Review of the Social Sciences of Religion.

Ha dado conferencias sobre movimientos religiosos minoritarios de manera amplia en Gran Bretaña, Australia, Bélgica, Canadá, Japón y Estados Unidos, y ocasionalmente en Alemania, Finlandia, Francia, los Países Bajos, Noruega y Suecia.

Ha sido llamado como testigo experto en sectas en tribunales de Gran Bretaña, los Países Bajos, Nueva Zelanda y Sudáfrica, y ha proporcionado pruebas en declaración jurada para tribunales en Australia y en Francia. También ha sido llamado para dar evidencia experta escrita sobre movimientos religiosos para la Comisión Parlamentaria de Asuntos Internos del Comité de la Cámara de los Comunes.